シン・ビートルズ de 英文法

シン・ビートルズ de 英文法（'25）

©2025　大橋理枝・中野学而

装丁デザイン：牧野剛士
本文デザイン：畑中　猛

m-22

まえがき

　たくさんの学生さんからの支持をいただきつつ 2021 年から 5 年間に
わたって開講された英語・再入門講座『ビートルズ de 英文法（'21）』は，
アメリカ文学研究者であり英語教育者，翻訳家，ポピュラー音楽研究者
でもある佐藤良明先生が主任講師となって行われた授業でした。2024
年度をもっての先生の主任講師としてのご退職に伴い，この科目を終わ
らせたくない…！ という思いを共有する私どもが主任講師となり，こ
の科目を教科書，放送教材ともにリニューアルしつつ，新たに放送大学
の科目としたのがこの『シン・ビートルズ de 英文法（'25）』です。

　長年にわたって英語教育にさまざまな革新を導入してこられた佐藤先
生が，英文法を学ぶ／学び直すための最適のテキストとしてたどり着い
たのがビートルズの楽曲群であったとは，まさに我らが意を得たり。
我々にとっても，高校の授業，あるいは大学の受験勉強以降の研究者と
しての道のりの中でも，ビートルズの歌詞を覚えていたことがどれだけ
英語の理解に役立ったことかわかりません。彼らに憧れ，歌詞を見なが
らマネをして歌い続けているうちに，英語自体が感覚として格段に「わ
かる」ようになっている，ということに気づいたときの喜びを思い出し
ながら，この教材の改訂に取り組んだ次第です。

　『ビートルズ de 英文法（'21）』では，ビートルズの歌が英語学習に向
いている理由をいくつか挙げています。一つはビートルズの歌のメロデ
ィが英語の自然な抑揚にかなり合っているということです。東京方言話
者の方の中には「夕焼け小焼け」の中の「赤とんぼ」のメロディと歌詞
との合わせ方（「あ」が一番高い音を充てられている）に違和感を覚え
られる方も少なくないと思うのですが，ビートルズの歌にはそのような

意味での違和感を覚えることがほとんどありません。また，ビートルズの歌はほとんどの場合歌詞の音節が無理なく音に入っていますし，リズムの強弱と語内の強弱も合っている（例えば，かの有名な"Yesterday"は冒頭部分のメロディが「タンタターン」となっていますが，語の発音もYesは強く発音し，terは弱く短く発音し，dayはこの3音節の中で最も長く発音します）ものが多いので，歌いやすいというのも英語学習にはありがたい点です。

　ビートルズが英語学習に向いているもう一つの点は，歌詞が面白いということだと思います。10代の少年少女を対象としていると思われる歌は，かなりシンプルな英語が使われていると同時に頻度の高い文法項目が多く使われていますので，英語を学ぶには最適です。一方，ビートルズには「大人」向きの歌詞の曲も結構多く，それらの歌詞はなかなか考えさせられるものもあったりなどするため，これらの歌詞の意味を理解することも，英語学習のモチベーションとして貴重ではないかと思うのです。決して単純な恋歌だけではないところも，ビートルズを英語学習に活用したいと考える大きな理由の一つです。

　全体を通し，文法の解説については，できるだけ，いわゆる「5つの文型」などの煩雑な説明を避けて，本質的な情報のみによって英語の骨格をつかんでいただけるように心がけました。巻頭の「英語文の成り立ち」にそのような情報がまとめてありますので，授業の中でも適宜各自で参照いただければと思います。英語が好き，あるいはビートルズが好き，という方にはさらに楽しく学んでいただきたいですし，一度英語に挫折してしまった，あるいはしばらく英語から離れていた，などという方も，この教材を通してもう一度英語を学び直そうと思っていただけるようであれば，これに勝る喜びはありません。

　改めて申し上げるまでもなく，『シン・ビートルズde英文法（'25)』

は『ビートルズ de 英文法（'21）』がベースとなっています。従いまして，この印刷教材も『ビートルズ de 英文法（'21）』を一部刷新しながら主要な部分はそのまま使い，必要だと思われる箇所に加筆修正を行った形になっています。加筆修正については大橋と中野も担当しましたが，佐藤先生のお力をお借りしたところも多々あります。この場をお借りして深く御礼申し上げます。また，今回の印刷教材の作成に際しても非常に複雑な編集作業と著作権関係の処理を行ってくださった入沢より子さんにも深謝申し上げます。さらに，放送教材の制作につきましても小林敬直ディレクターと音声技術担当の池亀淳一さんに多々お世話になるとともに，日本を代表するキーボーディストで東京音楽大学教授の難波弘之氏と，ビートルズ歌唱のプロフェッショナルであるシンガーの廣田龍人氏にもご協力いただきました。本当にありがとうございました。

英国リヴァプール出身の 4 人の大きな懐に包まれながら，皆さんの英語学習が実り多きものとなりますよう願っています。

Let's say the word "love," and be like THEM!

2024 年 10 月
大橋理枝・中野学而

目次

まえがき……大橋理枝・中野学而	3
英語文の成り立ち	8
ビートルズの基本情報	16
論考　ビートルズという現象……中野学而	18

I　Songs of Fun and Ecstasy　22

Session 1	All Together Now
	——さあ，ご一緒に—— 24

Session 2	Do You Want to Know a Secret?
	——歌いかける英語—— 37

Session 3	Because
	—— be と do の宇宙—— 51

Session 4	All My Loving
	——僕から君へのメッセージ—— 61

Session 5	Hello, Goodbye / Love Me Do
	—— Yes と No の行き別れ—— 72

エッセイ　ビートルズの楽しみ方……大橋理枝　82

II　Songs That Tell a Story　88

Session 6	You're Going to Lose That Girl / When I'm Sixty-Four
	——さもないと，こうなるよ—— 90

| Session 7 | Norwegian Wood
——ある一夜の物語—— | 105 |

| Session 8 | I'll Follow the Sun /
The Long and Winding Road
——太陽と時制を追いかけて—— | 118 |

| Session 9 | No Reply
——ジョンの嫉妬表現—— | 132 |

| Session 10 | Ob-La-Di, Ob-La-Da
——物語にもノリがある—— | 145 |

評論　ビートルズはなぜイギリスで生まれたのか？

　　　　　　　　　　　　　　……中野学而　156

Ⅲ Songs with Colorful Emotions　162

| Session 11 | A Hard Day's Night / Here Comes the Sun
——きつい一日の終わりに—— | 164 |

| Session 12 | Hey Jude
——励ましのメッセージ—— | 174 |

| Session 13 | If I Fell / This Boy
——条件法で愛にいざなう—— | 183 |

| Session 14 | Taxman / Yellow Submarine
——ビートルズ的風刺と諧謔—— | 194 |

| Session 15 | She Loves You
——思いのこもった語りのままに—— | 205 |

寄稿　ビートルズで世界が変わった……佐藤良明　216

Exercises の答え　220

本文中の見出し項目一覧　227

英語文の成り立ち
──オルターナティブな文法理解に向けて──

　以下は，一度英文法を習った方々が，本プログラムの独特な説明に迷わないよう補足したものです。初学者には高度な説明となりますが，各セッションを学びながら疑問が出てきた場合に役立ててください。

Ｉ　「文型」から「連結の型」へ

・英文法の基礎として，5文型── SV，SVO，SVC，SVOO，SVOC ──を教える伝統がありますが，本教材では，一歩踏み込んで，英語文の構造を，構成要素間の接合パターンに注目して分類しています。

基本的な考え方
★すべての叙述文は，S-V の構造を持つ。
★V は（多くの場合）後続部（X）と合体して意味をつくる。
★すべての叙述文は，S-V-X ＋αの形式にまとめられる。αは V から独立した副詞要素。

S	V	X	α
It	rained		yesterday.
	雨が降った		昨日
They	fell	in love	with each other at first sight.
彼らは	落ちた	恋に	お互いと 一目で
You	don't know	what you have	until you lose it.
（人は）	わからない	何を得ているか	それを失うまでは

英語文の成り立ち | **9**

S-V……主述の関係。基本的にすべての文を構造づける。

S	V	
Something strange	will happen.	妙なことが起こるだろう。
What you believe	doesn't matter.	君が何を信じるかは問題でない。

V-X……動詞とそれに続くもの

＊Ｖは［時制・助動詞・本動詞とその変形］を含む。

＊ＶとＸの境界は恣意的なもので，ＶとＸを含めて「動詞句」という場合もある。

S	V	X	
You	must not forget	to eat your lunch.	昼食を食べるのを忘れてはいけない。
Trees	are beginning to turn	yellow.	木々が黄色く色づき始めている。
I	nearly died.		もう少しで死ぬところだった。

＊Ｘをとらない動詞を自動詞と呼ぶ

★**V-X** は，より具体的には次のように分類される。

❶ **V-O**（O = object は名詞的対象，「目的語」と呼ばれる）

have – no umbrellas	傘がない
want – to hold your hand	君の手を握りたい
remember – seeing you	君を見かけたのを覚えている
love – everything that you do	君のすることが全部好き
hate – what he said to me	彼に言われたことがむかつく

＊Ｏの位置に収める代名詞は「目的格」に変わる

I → me; she → her; he → him; we → us; they → them

❷ V-O-O, V-O-to V

＊VO の伸張形。「誰に」の情報が V の直後に組み込まれる。

will give – you – anything	君に何でもあげよう
Tell – me – that it's true.	本当だと言ってくれ。
asked – me – to stay overnight	泊まっていかないかと俺に聞いた

❸ V-{nexus}

＊V-O の発展形。ある種の動詞は主述関係をなす句（ネクサス）を対象とする。

Make – {it – simple}.	簡潔に言え（やれ）。
Let – {that poor man – go}.	その哀れな奴を放してやれ。
saw – {her – standing there}	彼女がそこに立っているのを見た

＊ネクサスは主述関係を持つが，以下の二点で文と構造的に異なる。

① V（時制を伴う動詞句）を含まない。動詞は原形のまま。

②「である」の意味の be 動詞は欠落する。

❹ V-C

＊V-O の応用形。作用や変化の結果を形容詞のまま動詞につなぐ。

＊動詞に直結する非名詞的成分を「補語」と呼び，C で表す。

become – happy	幸せになる
get – ready	準備する
tested – positive（– for coronavirus）	（コロナの検査で）陽性の結果が出た

❺ be-C

＊be 動詞は形式的には動詞だが，SVX の系列と別個に考えた方がよい。

This is Stella. She is really nice. We've been friends for long.

＊be 動詞は S と C とをイコール関係で結ぶ。日本語（こちらステラ。とても素敵な女性です。私たちの付き合いは長い。）では動詞が使われないことに注意。

英語文の成り立ち | **11**

❻ V（be）-〈where〉

＊be 動詞は「ある，いる」の意味で場所を示す前置詞句につながる。

Stella is <u>in a hospital</u>. ステラは病院にいる。

前置詞句＝ prep ＋ N

＊in, on, at, to, up, down, by, along, through, in front of などの「空間詞」
が名詞について位置，方向，状態を示す。

She came <u>in</u> <u>through</u> the bathroom window.

彼女はバスルームの窓から入ってきた。

I'm <u>in</u> love <u>with</u> her. 僕は彼女に恋をしている。

＊get, stay, come, go など場所や移動に関わる動詞も同様に，空間詞や
空間を表す副詞と結合する。

Come in. Get out. Stay close. Go home.

★動詞とどのようにつながるかで，フレーズの品詞が決まる。

S-V で動詞とつながる S（文の主語）は名詞である。

V-O で動詞とつながる O は名詞である。

V-C で動詞とつながる C は非名詞（形容詞／様態詞／空間詞）である。

S-V-X 以外の要素（α）は副詞句／前置詞句として，「どこで」「いつ」
「どのように」などの情報を付加する。

N-A……名詞句の構成

☆名詞句は限定詞，形容詞，名詞からなる。

☆限定詞（determiner）は名詞句の頭にあって，特定／不定の別（the /
a / this / that / any）の他，所有者（my / your），数量（some / much /
a little / one）などを示す。「冠詞」や「数詞」は限定詞に含める。

☆シングル・ワードとして認識される形容詞（adjective）は主に A-N，
長いと感じられるものは N-A の形をとる。

several	young	girls	waiting in line	列に並んで待ってい
det	A	N	A	る数人の少女たち

any	other	thing	you'd like to say	何でも他にあなたが
det	A	N	A	言いたいこと

V……動詞部の構成

☆V は助動詞，本動詞，分詞より構成される。

S	V	X	
Dad	used to smoke.		以前父は喫煙していた。
You	are losing	that girl.	彼女は君から離れていく。
I	may have been	wrong.	僕の発言は間違いだったかも。
I	wish	I could.	それができたらいいんだが。

＊used to smoke は［動詞—不定詞］から［助動詞—動詞］に転じたと見なす。

☆V は，法と時制と人称変化を含む。

法（mood）：直説法／命令法／仮定法の別

時制（tense）：現在／過去の別

人称変化：英語では本動詞の三人称単数現在のみ変化する。

＊助動詞は本動詞に先行し，法と時制を受け持つ。

☆分詞は，助動詞 be や have と一緒に V を構成する。

現在分詞（例：losing）は，be とともに動詞の「進行形」をなす。

過去分詞（例：lost）は，have とともに動詞の「完了形」をなす。

過去分詞は，be とともに受け身の文をつくる。

英語文の成り立ち | **13**

Ⅱ　節と句

sentence > clause > phrase > word

☆「発話 speech」は「文 sentence」に区切れ，文は「節 clause」に
　分かれ，文／節は「句 phrase」から，句は「語 word」からなる。

＊節は本質的に文と同じで SV 構造がある。句にそれはない。

＊「ネクサス」は句だが，意味上の主述関係を持つ。

☆対話英語では，相互の了解事項が多いので，形式的に不完全な文も，
　完全に通用する。

　1 語の文：Hungry?　お腹は？　　　　Very.　とても（空いた）。

　1 句の文：Any idea?　何か案は？　　Just a moment.　ちょっと待って。

　1 節の文：If you don't mind.　お嫌でなければ。

clause……その配置と品詞

○文のまま　　She loves you and I love her.

　＊and, or, but, so などの接続詞は，二つの文／節を並置する。

　＊以下の例では接続詞 if や when のついた節が，より大きな文の一部
　　に組み込まれる。[詳しくは p.54「節と接続詞」で]

○副詞節　**adv**　　　　　　　　**S　V**

　　　　　If you want me to,　I　will.　　　　君が望むなら，僕はする。

○名詞節　**S　V**　　　　　　　**O**

　　　　　I　can't hear　what you say.　　　君の言うことが聞こえない。

○関係節　**N**　　　　　　　　**A**

　　　　　the singer　who also danced　　踊りも踊ったシンガー

　　　　　the town　where I was born　　僕の生まれた町

phrase……その配置と品詞

☆to 不定詞や分詞は，さまざまな品詞のはたらきをする。

	N（名詞句）	**A**（形容詞句）	**Adv**（副詞句）
前置詞句	―	a song <u>for you</u>; a dream <u>of falling in love</u>	do it <u>with pleasure</u>; <u>with you</u> by my side
to V	I want <u>to eat it</u>.	an ideal man <u>to ask for</u> <u>help from</u>[1]	happy <u>to see you</u>; went <u>to see the movie</u>
V-ing	<u>Running</u> is fun.	a <u>running</u> cost	came <u>running</u> to me
V-ed	the <u>oppressed</u>[2]	a house <u>burned down</u>	stood there <u>surprised</u>

[1]「援助を求めるのに理想的な男」

[2]「抑圧された者」：定冠詞つきの形容詞で人々の集合を意味する用法。

V-phrase（動詞句）

☆動詞句は V（助動詞，分詞を含む）に不定詞，副詞，時に目的語や補
語を含めた意味のまとまりで，「述語 predicate」とも呼ばれる。

○受動態の文：行為や作用を表す動詞の過去分詞は，「された」状態や
結果を示し，be 動詞に後置して受動態の文をつくる。

能動	受動
She <u>kissed</u> me on the cheek.	I <u>was kissed</u> on the cheek.
彼女は私のほほにキスした。	私はほほにキスされた。
They've <u>taken</u> the money.	The money <u>has been taken</u>.
ヤツラが金を取った。	金は取られた。

○時の３態―― be promoted（昇進する）を例に

He <u>is soon to be</u> promoted.　　未然：実現前

He <u>is being</u> promoted.　　進行：過程の最中

He <u>has been</u> promoted.　　完了：過程の終了

＊動詞句は時制，能動／受動，助動詞，未然／進行／完了の情報の複合
の上に成る。よく使われる文を覚えるところから始めよう。

I'm to meet him there.	そこで彼と会うことになっている。
I'm going to meet him now.	これから会うところだ。
I had to meet him.	会わなくてはならなかったんだ。
I was told to take charge.	私の担当だと言われた。
I'm meeting him at noon.	彼とは 12 時に合う。
The meeting will be held upstairs.	会談は上階で行われる。
I'll be facing him in a few minutes.	あと数分で彼と対面する。
I won't compromise.	妥協はするまい。
The time has come.	その時が来た。
His talking has begun.	彼のしゃべりが始まった。
He is ranting.	わめきちらしている。
It has been going on for 30 minutes.	もう 30 分も続いている。
He cannot be interrupted.	彼に言葉を挟むのは無理だ。
He's done, at last.＊	終わった，ようやく。
I haven't been able to say a word.	私は一言も言えなかった。
I've never known a man like this.	こんな男がいるとは知らなかった。
My day's work is finished.	今日の仕事は終わった。
I guess I'm finished, too.	これで私も終わりだろう。

＊He's done ＝ He is done.　終わった状態にある＝ He has done it all.

ビートルズの基本情報

バンド名：The Beatles【beat（ビート）と beetle（カブトムシ）を合わせたという説あり】

メンバー：John Lennon
（1940-1980）
Paul McCartney
（1942-）
George Harrison
（1943-2001）
Richard Starkey ［＝ Ringo Starr］（1940-）

United Artists/Photofest/Uniphoto Press

出身：Liverpool, England【19世紀にはイギリス随一の港湾都市だったが20世紀に入って衰退，1960年代から再建され，現在はビートルズを大きな観光資源とする観光都市】

デビュー：1962年（デビュー曲＝Love Me Do）

解散：1970年

アルバム：オリジナルアルバムとしてイギリスで発売されたのは12枚（この他にベストアルバム，アメリカ版アルバムなど多数。）

写真提供　Alamy/ユニフォトプレス

アルバム名	収録曲の一例
Please Please Me（1963）	"Please Please Me", "Love Me Do", "Do You Want to Know a Secret", "Twist and Shout" など
With the Beatles（1963）	"All My Loving", "Please Mr. Postman" など
A Hard Day's Night（1964）	"A Hard Day's Night", "I Should Have Known Better", "If I Fell", "Can't Buy Me Love" など
Beatles for Sale（1964）	"No Reply", "I'll Follow the Sun", "Eight Days a Week" など
Help!（1965）	"Help!", "You're Going to Lose That Girl", "Ticket to Ride", "Yesterday" など
Rubber Soul（1965）	"Norwegian Wood", "Michelle", "In My Life" など
Revolver（1966）	"Taxman", "Elenor Rigby", "Yellow Submarine" など
Sgt. Pepper's Lonely Hearts Club Band（1967）	"Sgt. Pepper's Lonely Hearts Club Band", "Lucy in the Sky with Diamonds", "When I'm Sixty-Four" など
The Beatles【通称 *the White Album*】（1968）	"Ob-La-Di, Ob-La-Da", "While My Guitar Gently Weeps", "I Will" など
Yellow Submarine（1969）	"Yellow Submarine", "All You Need is Love", "All Together Now" など
Abbey Road（1969）	"Something", "Here Comes the Sun", "Because" など
Let It Be（1970）	"The Long and Winding Road", "Let It Be", "Get Back" など

アルバム未収録曲："This Boy", "She Loves You", "Strawberry Fields Forever", "Penny Lane", "Hello, Goodbye", "Hey Jude" など

＊シングル盤として発売されたアルバム未収録曲は，後に *Past Masters I* 及び *Past Masters II* として CD 化された。なお 1967 年に BBC で放映されたテレビ映画「Magical Mystery Tour」のサウンドトラックの6曲（"Magical Mystery Tour", "I am the Walrus", "Fool on the Hill", など）は，イギリスではダブル EP 盤としてリリースされ，アメリカでは後に同名の LP 盤が発売されている。

同時代に活躍した他のアーチスト：The Beach Boys, The Rolling Stones, Simon and Garfunkel, Bob Dylan, 坂本九, 内田裕也 など

論考 ビートルズという現象

中野学而

　ビートルズの活動期間はわずか8年ほどですが，その活動の意義は，決して20世紀ポピュラー音楽の発展における最大の革命であったというにとどまりません。iPhoneをデザインしたスティーブ・ジョブズへ与えた決定的インスピレーション――「アップル」という会社名はビートルズが自分たちで興したマネジメント会社の名前そのものです――は有名ですが，東欧諸国の自由化やソ連の解体への動きに与えた影響を含め，文化・社会・経済のあらゆる面で巨大な影響力をいまだに保ち続けています。

　1940年生まれのジョン・レノンとリンゴ・スター，1942年生まれのポール・マッカートニー，1943年生まれのジョージ・ハリソンの4名のメンバーは，17，18世紀以来長らく世界最大・最強の帝国として君臨したのち，20世紀以降は世界の指導者的立場をアメリカ合衆国に奪われた英国の地方都市・リヴァプールのアイルランド系労働者階級の子弟として育った，同年代の同郷人同士です。

　ビートルズはその短い活動期間の中で目まぐるしくそのスタイルや思想性を進化・深化させていきましたので，特に日本のファンの間では，12枚のオリジナルアルバムの性質と発売時期とによっておおまかに前期・中期・後期の3つに活動期間を分けることが定説となっています。

　まず「前期」は，おそろいのスーツとマッシュルームカット，愛くるしくはちきれんばかりの笑顔ときっちりそろったお辞儀のステージングで日本を含む全世界にBeatlemaniaと呼ばれる狂乱を引き起こした，ティーンエイジャーの女の子たちのアイドルの時期。もともとはリヴァプ

ールの労働者階級の出自にふさわしく，ジーンズと革ジャンにリーゼント，ハードなステージをこなす典型的な「不良」のスタイルだったのですが，地元でビートたちと知り合ってマネージャーとなったブライアン・エプスタインの卓越したビジネス／ファッションセンスと粘り強い説得のもとで，爽やかかつ斬新なスーツと礼儀正しさ，上品さを身にまとうこととなり，結果として1962年，少年時代から憧れぬいた大都会ロンドンの有名レコード会社 EMI よりオリジナル曲"Love Me Do"でデビューを飾ります。

　"She Loves You"を頂点とするオリジナル曲の見事な構成やコーラスワーク，一瞬の独特のコードの響きに象徴されるような，どこかで必ずリスナーの意表を突くことを忘れないアレンジの妙，メッセージの斬新さ，愛嬌やユーモアを含めたメンバーそれぞれのタレント性には圧倒的なものがありましたし，何よりもそこには，ロックンロール直系のセックスアピールを含んだ生命の輝きがありました。それが礼儀正しいスーツ姿で異形の髪型をしたリヴァプールなまりのういういしい青年たちによってテレビやラジオを通して人々に届けられたとき，神なき時代の宗教的法悦，と言ってもよいほどの狂乱が，ロンドンのみならず世界中に巻き起こったのです。この頃の彼らが体現していたのは，階級の壁，国境の壁，人種の壁など，伝統的に人と人とを隔ててきた壁を壊して人間同士が〈つながる喜び〉です。

　次の「中期」は，もともと音楽的な才能に恵まれた4人が，正規の音楽教育を受けた優れた作曲家・編曲家でもあったプロデューサーのジョージ・マーティンの指導の下，それまでの才能をさらに爆発的に進化させた驚異と豊穣の3年間でした。ライブ活動は休止したにもかかわらず，ポップ・センス（つまりは大衆性）はさらに研ぎ澄まされつつ，同時に当時の反体制的カウンター・カルチャーの流れの中に参入したか

と思えば，瞬く間にその象徴的な存在となりました。戦争や暴力に対抗する〈愛〉を最大のテーマに，ポピュラー音楽史上の最高傑作と言われることの多いアルバム 2 枚（*Revolver* と *Sgt. Pepper's Lonely Hearts Club Band*）を含め，たて続けに 3 枚，しかも一つ一つ高みを更新していくようなかたちで生み出します。

　そんな彼らもついに求心力を失い，解散へと向かっていく 1968 年から 1970 年の 2 年間を言う「後期」は，いわば，そのようにポピュラー音楽の歴史の頂点を極めた彼らだからこそその悲しみを含んだ「終活」の時期となります。大都会ロンドンでの暮らしは，彼らが心から望んだものであったとはいえ，1967 年のブライアン・エプスタインの死，さらにジョンのレコードデビュー前からの妻だったシンシアとの 1968 年の離婚に象徴されるように，さまざまな意味で彼らの故郷との絆を切り裂いていきました。オノ・ヨーコとの出会い以降，ジョンの芸術的・政治的な急進性が高まるとともにリーダーとしての求心力が低下し，それにともなってポールがリーダーシップを発揮するようになりますが，それでも基本的にはメンバーそれぞれがバラバラに曲を作るようになっていきます。それまで影に隠れた存在だったジョージのソングライティングの才能が真の意味で開花していくのもこの時期のことです。9 枚目のアルバム *The Beatles* に典型的に現れているように，メンバー間の差異が極限まで増大してさまざまなスタイルやジャンルの曲が収録されるようになっていく一方，全体としてはどうしても散漫になってもいくわけです。リヴァプールで育て上げた魔法のような 4 名の絆が薄れ，メンバー間の軋轢，巨大になりすぎたビジネスの不調も重なって，パブリックイメージにおいても，憂いや悲しみが深まっていくことが手に取るようにわかる気がします。

　ただ，さすがはビートルズというべきか，発売時期は *Let It Be* より

も前ながらレコーディングとしては最後に行われたアルバム，横断歩道
のジャケットでも有名な 11 枚目の *Abbey Road* は，最後であるという
ことがわかっている緊張感と覚悟からなのでしょう，失速どころかむし
ろギアがさらにもう一段上がり，まさに最初の 1 音から最後の本当の 1
音に至るまで一つとして無駄な音がないように思える，どこまでも透明
に研ぎ澄まされた出来栄えとなっています。ロック史上の最高峰アルバ
ムとしての評価が確立している *Sgt. Pepper's* ではなく，こちらこそが
彼らのキャリアの集大成であり，文字通りの最高傑作，と呼ばれること
も多いこのアルバム，そのラストの曲はいみじくも "The End" と名付
けられたものでした。この曲は，メンバー全員がデビュー以来初めて順
番に 1 曲の中でそれぞれソロを取って聴く者を楽しませた後，テンポ
をぐっと落とし，見事に象徴的な次の言葉で締めくくられることになり
ます――

　つまるところ，君が得る愛（the love you take）は，君が為す愛（the
love you make）に等しい。

　愛すべき故郷リヴァプールを出て 7 年，幾度も変転を繰り返しなが
らも，一貫して〈愛の伝道師〉として激動の 60 年代の世界を駆け抜け
たビートルズのめくるめく旅は，こうして深い感動とその余韻を世界中
のファンに与えながら，静かにその幕を閉じたのでした。

写真提供　Alamy/ユニフォトプレス

I   Songs of Fun and Ecstasy

Session 1　All Together Now

――さあ，ご一緒に――

　ビートルズの英語を教材に選んだからには，発声を大事にし，ちゃんと喉を
ふるわせながら学習を進めたい。ただ英語の発声法は，日本語とかなり大き
な違いがあって，発音すること自体，なかなか苦手な人が多いようです。で
も，ビートルズ・ナンバーには，その垣根をとっぱらってくれるような楽し
いノリの曲もいっぱい。これならきっと一発で乗れるだろうという曲をトッ
プに用意ました――さあ，みなさんご一緒に！

> その言葉を言って（Say the word）
> 自由になってごらん。（And you'll be free.）
> その言葉を言って（Say the word）
> 僕のようになってごらん。（And be like me.）

ポイント　◎英語の音節と日本語のモーラ　　◎ライミング（押韻）
　　　　　　◎主語と動詞句　　　　　　　　　◎動詞句の構成
　　　　　　◎英語と日本語の構造比較　　　　◎８ビートとウラ拍

■歌詞の意味

　いかにも即興的なこの歌に，意味を考えるようなところはありません。
数を 10 まで数えられ，アルファベットを順番に言え，I love you. が通
じる人は，いきなり歌の中に飛びこんでみてください。英語を体で受け
止め，体で英語を発する練習――さっそく始めていきましょう。

《All Together Now》

Yellow Submarine, 1968

Sung by Paul, John, Ringo and George

One, two, three, four,
Can I have a little more?
Five, six, seven eight nine ten
I love you.

A, B, C, D,
Can I bring my friend to tea?
E, F, G, H, I, J
I love you.

Sail the ship.
Chop the tree.
Skip the rope.
Look at me!

All together now, all together now . . .

Can I have...?：have という動詞は漠然と「所有」を表すが，Can I...と許可を求める文では「いただいていい？」ということ。文脈によって「食べていい？」などの意味になるのは日本語と同じ。

a litte more：more（もっと）に，a little（少し）をつけて，「もう少し」。

bring my friend to tea：「my friend を tea に連れてくる」。to は方向を示す。

sail the ship：船を sail させる（帆で走らせる）

chop the tree：（斧などで）木をぶった切る

skip the rope：縄を skip する＝縄跳びをする

look at me：僕に視線を向ける＝僕を見る。at は地点を示す。

■日本語にない子音

☆[f] と [h]，[v] と [b]，[l] と [r]，[s] と [θ] の発音のしかたを図に示す。

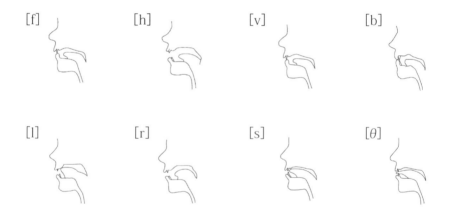

【https://mysuki.jp/pronunciation-f-2-77, https://mysuki.jp/pronunciation-v-144, https://mysuki.jp/pronunciation-rl-110, https://mysuki.jp/pronunciation-th-140 より（2024.7.5 参照）】

■母音にも注意
☆英語の母音の方が日本語の母音より種類が多い

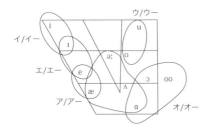

＊英語を聞き取る際には，左図のように聞き取れてしまうことを知っておくと便利。
【新谷（2014）＊p.6】

＊英語を話すときには右図のような舌の位置の違いを意識するとよい。
【https://lion-eigo.com/pronunciation/tongue-position/ より（2024.2.26参照）】

:::
英語の発音について

　英語の発音は難しい，とよく言われます。その理由について，日本語にはない子音が多数あることなどがよく挙げられますが，おそらく最大の障壁は，それらの実際的な障壁の「はるか手前」にある，心理的なものではなかったでしょうか。英語を英語らしくリズムに乗って発音することに対する，それはなんとなく恥ずかしい…という抵抗感です。
　しかし言語の発音は，「ヘタでも恥ずかしいと思わず，音マネする
:::

＊新谷敬人（2014）「音の体系と分類」菅原真理子編『音韻論』第1章（pp.1-29）朝倉書店．

こと」にすべての比重がかかると言っても過言ではありません。歌を歌うのであれば，もともとマネをすることが前提ですから，マネをしても恥ずかしくない。歌うことそれ自体が恥ずかしい，という方ももちろんおられると思いますが，もしそうであれば，まさにそのハードルをクリアすることこそ英語を上達させる一番の道です。どしどし歌マネをして，よいリズム感を身につけましょう。"Shake it up, baby, now!" は，「強・弱・弱・強・弱・強」の6音節。「シェイク」，「イット」，「アップ」，「ベイビー」，「ナウ」ではなく，ひといきに「SHAY-kera-BAY-beNOW!」とでもいきたいものです。it の t は破裂させず r のようになり，up の p も次の b に吸収されます。

■英語の音節，日本語のモーラ

☆日本語では長音（「高楼」の「う」）も撥音（「花の宴」の「ん」）も促音（「祝った」の「っ」）も，それぞれ1音に数え，その1音を単位にリズムをつくる。この単位は，音声学で「モーラ」と呼ばれ，音節（シラブル）と区別される。

☆英語のシラブルは母音を1つだけ含む。二重母音も長母音も1つに数える。子音はいくつも含みうる。

　1音節の単語の例：tea [ti:]　team [ti:m]　stream [stri:m]
　　　　　　　　　　 eight [eɪt]　gate [geɪt]　straight [streɪt]

Exercise 1-1　次の行はそれぞれいくつの音節からなっているでしょうか。

（1）One, two, three, four — can I have a little more?

（2）Five, six, seven eight nine ten — I love you.

＊（1）に並ぶ 10 の単語のうち 9 つは 1 音節。little は lit-tle と 2 音節に分かれるが，2 つめの音節 -tle は母音を含まない。

（2）に並ぶ 9 の単語のうち 8 つは 1 音節で，seven だけが sev-en と 2 音節化するが，この歌では弱い音節 -en の母音が消えて［sevn］と 1 音節化している。

Exercise 1-2 各英語文の音節数を数えなさい。

(1) I love you. あいしてる。
(2) And it's true. ほんとだよ。
(3) Now you're mine. 君はもう僕のもの。
(4) You're strong. 君は強い。

■音節の強弱とリズム
☆英語の音節には強弱の別があり，韻文では強弱（長短）の音節を規則的に並べて調子をとる。

ボーンボ ボン	**Sail** the **ship**.
ボーンボ ボン	**Chop** the **tree**.
ボーンボ ボン	**Skip** the **rope**.
強　　弱 強	強　　弱 強

All to-**geth**-er **now**
強 弱 強　弱 強

■オモテ拍，ウラ拍

☆拍には強弱のほか，オモテ↘とウラ↗がある。西洋の歌曲や日本の歌謡曲はオモテの拍取りが普通だが，ビートルズはロックバンドとしてウラ拍も多用する。次の"Skip the rope"のリズム取りは，その前の"Sail the ship"や"Chop the tree"と同じだが，"Look at me"では，atが強いウラ拍になって，変化をもたらし，続くmeもウラから入っている。

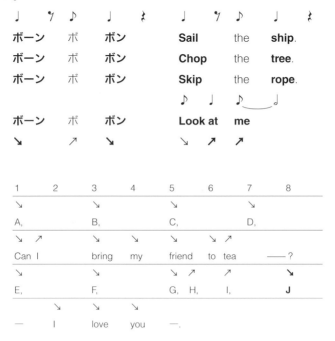

■ライミング（押韻）

☆類音や同音の繰り返しを「韻」といい，韻を踏むことを「押韻」という。

Session 1   All Together Now | **31**

☆特に行末を同様の音で揃えることは古くからの英詩や英語の歌の伝統
　となっており，これを「脚韻」という。
・One, two, three, four の後，four と韻を踏む more。
・A, B, C, D の後，D と韻を踏む tea。
・第 3 連では Chop the <u>tree</u> と Look at <u>me</u> が韻を踏んでいる。

■ヴァース，ブリッジ，コーラス
☆英語のポピュラー・ソングは，verse で始まり，chorus に引き継がれ
　るという長い伝統を持っており，そうした基本設計にヴァリエーショ
　ンをつけながら作曲される。

《All Together Now》は
　　One, two, three, four — Can I have a little more?（4 小節）
　　Five, six, seven eight nine ten — I love you.（4 小節）
の計 8 小節が 1 つの「ヴァース」。もう 1 つ「ヴァース」をつけた後，
「コーラス」に行く前に，
　　Sail the ship. Chop the tree. Skip the rope. Look at me.
という 8 小節のつなぎ部分がくる。この部分をブリッジ（bridge）と
いう。この歌は，ブリッジを経て
　　All together now . . .
のコーラスに行くというごく普通に見られる形式の歌である。

Exercise 1-3　《All together Now》の 3 つめのヴァースについて，韻を
　　　　　　　　踏んで対応している 2 語を 2 組マークしなさい。

Black, white, green, red — can I take my friend to bed?
Pink, brown, yellow orange and blue — I love you.

■文

ことばは「文」から成るという考えは，話し言葉の現実とは，必ずしも一致しない——主語や述語のない発話もよくある。驚きなど，感情の起伏が口をついた言い方には

　　　Great!　　What?!　　My God!

などがあるし，呼びかけ，挨拶，指示が一語でなされることも少なくない。

　　　Hello.　　Here.　　Thanks.　　Okay.

動詞を伴う指示は，「命令文」になる。

　　　Go.　　Come on.　　Don't say it.

命令文も「文」と呼ばれるが，なんらかの事態を主語と述語によって述べたり尋ねたりする「平叙文」や「疑問文」は別物。

	平叙文	**疑問文**
肯定	This is my apple.	Is that yours?
否定	It's not mine.	Can't you see?

■命令文

☆他人への指示は，一般に主語の（you）をつけずに，動詞から始める「命令文」の形式で行う。

　　　Sail the ship.　　　[ʃɪp]
　　　Chop the tree.　　　[triː]
　　　Skip the rope.　　　[roʊp]
　　　Look at me.　　　　[miː]

Session 1　All Together Now ｜ **33**

Exercise 1-4　音を少し代えて，別の命令文を口にしてみましょう。文
にするときは最後にピリオドが必要です。

(1) Sail the ship.　　→ 鞭を郵送して　mail / whip

(2) Chop the tree.　　→ 海を止めて　stop / sea

(3) Skip the rope.　　→ 教皇様をギュッとつかんで　grip / Pope

(4) Look at me.　　　→ その豆を料理して　cook / that pea

■ "Can I" で許可を求める

☆can は「できる」という意味の助動詞。

　＊能力についても──

　　Come on, you can speak English.　ほらぁ，英語話せるでしょ。

　＊許可の意味でも使われる。

　　Baby, you can drive my car.　　あたしの車運転していいわよ。

☆Can I ～? は，「していいですか？」と許可を求めるときに使う。

　　Can I have a little more?

　　── Yes, just a little more.　　いいですよ，ほんの少しなら。

　　Can I bring my friend to tea?

　　── Yes, you can. Anytime.　　はい，いつでもどうぞ。

　　Can I take my friend to bed?

　　── No way, Honey.　　　　だめよ，あなた。

Let's Sing

ロックらしく歌う練習として，拍取りが対照的な２つの誕生日歌を取
り上げます。

■拍のオモテとウラ

○まず英語圏で最もよく知られている歌，

Happy Birth-day to you.   Happy Birth-day to you.
↘ ↗   ↘   ↘   ↘   ↘ ↗   ↘   ↘   ↘

Happy birthday dear every-one,   Happy Birth-day to you.
↘ ↗   ↘   ↘   ↘ ↗ ↘   ↘ ↗   ↘   ↘   ↘

○ビートルズによる《Birthday》

☆8ビートのノリをつかもう。（4拍子を8回刻んでいる）

☆拍に正確に合わせようとせず，フライング気味に疾走すること。

☆ウラ拍↗のところを，十分強く歌うこと。

				最後の2音の拍	
	They	**say** it's your	**birth day**.	↗	↗
(Well)	It's	**my** birth**day**	**too, yeah**.	↗	↗
	They	**say** it's your	**birth day**.	↗	↗
	We're	**gon**na **have** a **good time**.		↘	↘
	I'm	**glad** it's your **birth day**.		↗	↗
	Happy	**birth** day	**to** **you**.	↗	↗

The Beatles (The White Album), 1968

Lead vocal: Paul and (occasionally) John

Exercise 1-5 《Birthday》の歌詞を，メロディを抜いて歌のままのリ
ズムで感情を込めてしゃべってみよう。首を動かしなが
ら，強いウラ拍のところは，少々アゴでキックするよう
な感じにするとやりやすいかもしれません。

「できることならばできないことはない」？？

　"All Together Now" が収録されている *Yellow Submarine* は，ビートルズのアルバムの中で唯一セールスチャートで 1 位にならなかったアルバムとして，ファンの間でも少し評価が低く見られることの多いアルバムですが，愛と平和を斬新なおとぎ話アニメで訴える非常に完成度の高い同名映画のサウンドトラックでもあり，収められている曲もすばらしくキャッチーなものばかりです。とくに最も有名な "All You Need Is Love" は，自由を高らかに歌い上げるフランス国歌「ラ・マルセイエーズ」のメロディで華やかに始まります。ベトナム戦争が泥沼化していた 1967 年にあって，反戦を訴えるヒッピー・ムーブメントを象徴するダイレクトなメッセージを世界初の衛星放送によって全世界に伝えた記念碑的な作品と言えるでしょう。

　ヴァース部分での変拍子（1 小節 4 拍の後，次の小節で 3 拍）や歌詞のユーモアでいちいち肩透かしを食らわせながらも，メロディ，言い回し，メッセージのすべてにおいてこれ以上ないほどシンプルかつキャッチーなコーラス部分で，がっちりと聞く者の想像力をつかみます。冒頭の There's nothing you can do that can't be done. は，世界中の若者が革命の夢を見たこの時代にいかにもふさわしい，「君にできないことなんてないのさ」という力強い応援メッセージと思いきや，実はそうではありません。よく読めば，「できないことはできないのだから無理するなよ」といういくぶん常識的なメッセージのようにも思えながら，おそらくは「できることならば，できないことはないよ」という，ほぼ何も言っていないに等しい（！）ようなナンセンスの極致でしょう。

『らりるれレノン』というジョン・レノン著のナンセンス本の訳者でもある佐藤良明先生は，この歌を解釈しつつ，硬直した倫理的構えを解くことこそがここでの作者レノンのねらい，と示唆しています。この曲が発表された翌 1968 年に "Revolution" という曲の中で当時の革命運動に痛烈な冷や水を浴びせることになるジョン・レノンは，もともと権力者たちの抑圧と暴力への抵抗として始まったにもかかわらず，運動の激化に伴ってむしろ憎悪や破壊や暴力を積極的に肯定する方向へと向かおうとしている当時の革命運動自体のあり方に大きな疑問を持っていたのでしょう。〈N〉

Session 2　Do You Want to Know a Secret?

──歌いかける英語──

ビートルズの英語，特に初期の曲の特徴として，リスナーに歌いかける文が
とても多いということが挙げられます。単純でありながら，ファンの心に刺
さるような歌，それらをリズミカルに，ビートを込めて歌うことで４人のア
イドルは世界を征服しました。彼らの英語には，コミュニケーションの極意
がこもっていると考えられます。相手を誘い，心を直接動かすような表現と
パフォーマンスについて学んでいきましょう。

ポイント　◎シラブル（音節）とその発音　　　◎主述構造（SV）
　　　　　　◎動詞と対象（VO）　　　　　　　◎動詞と副詞（V-adv）
　　　　　　◎〈SVX〉という構文把握

■歌詞の意味

　「秘密を知りたい？」という題のこの歌，Listen（ねえ，聞いて）と
いう誘いで始まり，Do you promise（約束してくれる？）not to tell?
（［人に］言わないことを）と続きます。以下語注を─

Closer：もっと近くに（おいで）
　　closer は形容詞 close（近接している）（発音は［kloʊs］で濁らない）
　　の比較級。動詞を入れるなら Come closer. となる。
Let me whisper：ささやかせて。Let me（do）は，許可を求める言い方。
in your ear：君の耳の中に

《Do You Want to Know a Secret?》

Please Please Me, 1963

Lead vocal: George Harrison, backed by John and Paul

Listen. Do you want to know a secret?

Do you promise not to tell? Whoa, whoa.

Closer. Let me whisper in your ear,

Say the words you long to hear:

I'm in love with you, oo.

(let me . . .) say the words：その語（複数）をいう。その words が何
　　かは最後に示される。

long to hear：とても聞きたがっている

＊the words — you long to hear のつながりは，名詞—形容句「ことば
　　← 君がとても聞きたがっている」という修飾の関係。

　　行末のコロン「：」は，終止符「.」と違って，言い終わっていない
　　感じを伝える。この場合，the words とは何かが，コロンの後で示さ
　　れる。

in love with you：君に恋している（← love の中にある）

Session 2 Do You Want to Know a Secret? | **39**

Let's Sing

■8 ビートに乗る

＊ロックンロール・バンドとしてスタートしたビートルズの，特に初期
の曲には，基本的に「8 ビート」の歌が多い。

☆8 ビートは 1 小節の 4 拍を，2 拍め・4 拍めを強めながら，8 分音符
で刻んでいくノリを基本とする。

以下のセンテンスを，拍に合わせて発音してみよう。

	ツ ツ **タ** タ	ツ ツ **タ** タ	ツ ツ **タ** タ
𝄽	Do you	want to	know a	se-cret?
	Do you	pro-mise	not to	tell?
	Let me	whis-per	in your	ear.
	Say the	words you	long to	hear:

Exercise 2-1 Let's sing

ツ ツ ♪ ♪	**タ** タ ♪ ♪	ツ ツ ♪ ♪	**タ** タ ♪ ♪	ツ ツ ♪ ♪	**タ** タ ♪ ♪	ツ ツ ♪ ♪	**タ** タ ♪ ♪
Listen,	𝄽	(doo	da	do)	Do you	want to	know a
secret?	𝄽	(doo	da	do)	Do you	promise	not to
tell?	𝄽	𝄽	whoa	whoa	—	oh	—
Closer,	𝄽	(doo	da	do)	Let me	whisper	in your
ear.	𝄽	(doo	da	do)	Say the	words you	long to
hear	—	—	—	—:	𝄾 I	'm in	love with
you	— .	𝄽	oo—	oo—	—	oo.	—

■音節（syllable）【Session 1 p.28「英語の音節，日本語のモーラ」も参照】

☆英語の発音は「音節」が単位。音符 1 個に音節 1 つをのせて歌う。

＊初期ビートルズ曲には 1 音節の単語が多い。上記の 4 行で，2 音節は，se-cret [síːkrɪt]，pro-mise [prámɪs]，whis-per [hwíspər] の 3 語だけ。

☆1 音節に母音は 1 つだけ。（二重母音，三重母音も 1 つに数える──sky [skaɪ]，fire [faɪə] など。）

＊「カタカナ分け」してはいけない。pro は「プロ」の 2 音ではなく，-mise は「ミス」の 2 音ではない。

＊secret の -cret も 1 音節。最後の子音 [t] はこの歌では発声されていない。

＊secret の [siː] は日本語の「シー」と異なる。日本語のサ行は，英語訛りで表記すれば：sah, she, soo, say, so

---

little は 1 音節？ 2 音節？

　Session 1 でも話題になったように，音節とは，「母音を含んだ音のまとまり」のことで，子音がくると途切れます。母音を発音するときには必ず声帯が震えます（実際に指を喉ぼとけに当ててみることをおすすめします）。日本語には「あ」から「ん」まですべての音に母音がついていますが，英語には母音ナシの子音だけで発音する部分がたくさんあります。英語の発音の特徴も，まさにここにこそあるわけですね。

　1 音節は，基本的に母音を 1 つ含む単位です。（l, m, n の 3 音は子音ですが，長さを持ち，音韻的には母音のようにふるまうことが

あります。）母音には，two, three の［uː］，［iː］のような長母音，five の［aɪ］のような二重母音もありますが，これらも 1 つに数えます。

英語の love は，e が発音されないゆえに母音 1 つなので，辞書の発音記号［lʌv］を見ればわかる通り 1 音節です。（［v］の後に母音はなく，［lʌv］を 1 回の発声で言い切るしかありません。love を伸ばして歌うと，ら——v となり，v は伸びません。）

日本語は，子音だけで終わることをしないので，little を日本語化すると「リトル」などとなり，ri-to-ru の 3 音を当ててしまいますが，英語のリズムは，強い lit と弱い tle からできています。tle には厳密には母音がないのですが，ゆっくり発音すると［təl］となり，1 音節と見なした方が自然です。

ただ，そのうえで，少しややこしい話になりますが，ときに little の t が落ちて，［lɪl］のように 1 音節で発音される場合があります。実際のネイティブの発音を聞いていると，Just a little bit. は［jʌs-tə-lɪl-bí］の 4 音になるのが普通。little を 1 音節で発音しているのです。seven の場合も同様で，［v］の後の［e］の母音が落ちて 1 音節化する場合があります。

辞書には［sév(ə)n］という表記が掲載されていますが，(ə) という曖昧母音は，発音してもしなくてもいいということです。［sévn］でしたら母音が 1 つですから，一声で（1 音節として）言い終えることが可能でしょう。

以上は英語のリズムに関することなので，まずは耳を使って，英語に親しむことを大切に考えてください。

Exercise 2-2 発音練習

(1) pre を 1 音節で発音する

「可愛い女」は「プ・リ・ティ・ウー・マン」ではなく

pret-ty **wom**-an （4 音節）［príti wómən］

「OUJ がお送りします」は「ジ・オーユージェー・プレゼンツ」ではなく，

The **OUJ** pre**sents**. （6 音節）［ði òʊ-jùː-dʒèɪ prɪ-zɛ́nts］

(2) secret と，その日本語式発音（sheek-retto）の違い

s 音と sh 音

sip ［síp］   ship ［ʃíp］

seek ［síːk］   chic ［ʃíːk］

(3) 語末の破裂音は，破裂させないときもある

secret ［síːkrɪ(t)］   top ［tɔ(p)］

top ten ［tɔ̀(p) tɛ́n］

chop the tree ［tʃɔ(p) ðə triː］

skip the rope ［skɪ(p) ðə roʊ(p)］

■対人表現の基礎

Do you want to ── 相手の意向を聞く

この後に動詞（原形）を置くことで，相手が何をしたいか，尋ねることができる。

Do you want to know a secret?　　秘密を知りたい？

Do you want to hold my hand?　　私の手を握りたい？

Do you want to say the word?　　その言葉を言いたい？

Session 2　Do You Want to Know a Secret?　|　**43**

☆自分のしたいことを述べるなら

　　　I want to cool your head.　　　　君の頭を冷やしたい。

　　　I want to hold your tongue.　　　君の舌をホールドしたい。

　　　　　　　　　　　　　　　　　　　＝しゃべらせずにおきたい。

Let me ── 許可を求める

　Let me の後に動詞（の原形）を置くと，自分のしたいことを「させて」
と，相手に求める表現になる。

　　　Let me whisper in your ear.　　　君の耳（の中）にささやかせて。

　　　Now **let me** hold your hand.　　　さあ，君の手を握らせて。

Do you promise to ── 約束を取り付ける

　「僕は約束する」は I promise.

☆約束の内容は promise の後に，「to ＋動詞原形」で示す。

　　　I promise to brush my teeth.　　　歯を磨くことを約束します。

☆「〜しないと約束する」は promise not to 〜

　　　I promise not to do it again.　　　もうしないと約束します。

　　　Do you **promise not to** tell?　　　人に言わないって約束する？

■シンタクス

　語句 words がどのように結ばれ合って文 sentence を構成するのか，
その統語の規則を「シンタクス syntax」といいます。

＊巻頭の「英語文の成り立ち」に基本のシンタクスの全体像を示しまし
　た。折にふれて参考にしてください。

	動詞	何／誰を	どこへ
Can I	have	a little more?	
	bring	my friend	to tea?
	take	my friend	to bed?
	go		home?

☆日本語では「〜が」「〜を」と「〜へ」「〜に」は対等レベル──どれが重要か，または中心的かという意識は働かない。

☆英語に「が」に当たる言葉はなく，主語と動詞は直接接する。

☆英語に「を」に当たる助詞のような語はなく，動詞の後に直接，名詞をつなぐ。

☆英語では **who-does-what**（誰が―どうする―何を）に当たる情報を，まず固めてしまい，その後に「どこ」などに当たる情報を添える。

☆文の中軸（who-does-what）に付随して，情報を添える言葉を「副詞 adverb」と呼ぶ。これを N（名詞，noun）V（動詞，verb）に対し，adv で表記する。

＊who（人）だけでなく what（物）も主語になる。また I walk.（私は歩く）のように，「何を」に当たる要素がない文もある。

＊本教材では「副詞句」（2 語以上からなるフレーズ）や「副詞節」（文の構造を持ったもの）を含めて adv の記号を使う。N も「名詞句」や「名詞節」を広く表す。

Session 2　Do You Want to Know a Secret?　　45

Exercise 2-3　次の文のV，O，adv に当たる部分を識別して，それぞれ以下のチャートの正しい位置に書き入れなさい。

(1) I saw her yesterday.　　僕はきのう彼女に会ったよ。
(2) I have a pen in my hand.　　僕の手の中にペンがある。
(3) We all live in a yellow submarine.
　　　　　　　　　　　　　僕らはみんな黄色い潜水艦に住んでいる。

	S（Who）	**V**	**O**（what / who）	**adv**（where / when）
(1)	I			
(2)	I			
(3)	We all		──	

■英語と日本語の構文の違い
☆英語の文は，be 動詞文も S（主語）－ V（動詞）の背骨を持つ。
　（be 動詞については Session 3 で本格的に学ぶ。）

S	V	（後続部）
I	'm	sorry.

　　　　　私は sorry の状態にある。＝すまなく思っている。

| It | 's | a fine day. |

　（It's ＝［現在］〜だ）好天の日。

＊これらの文の日本語訳（「ごめんね」「いい天気だ」）は動詞を含まず，主語も必須ではない。

:::
　「文」には平叙文，命令文，疑問文，感嘆文の別があります（Session 1 の p.32，Session 4 の p.64 参照）。その他，主語と動詞が含まれない，単語だけの文も存在します。臨機応変に言葉が生きているさまを感じてください。
:::

☆平叙文（事実や思いを普通に伝える文）は，S-V で始まる語順をとる。

S	V		
I	promise.	私は	約束する。
He	works.	彼は	仕事する。

☆英語では S-V のそれぞれに語句をのせることによって，前者が主語，後者が動詞という認識が可能になる。

＊日本語は名詞に「する」をつけてサ変動詞をつくるが，英語では名詞と動詞で形を違えない単語も数多い。

Exercise 2-4　複写（copy），試験（test），練習（practice）という語を動詞に用いて，次の空欄を埋めなさい。

(1) あなたのノートをコピーさせて。

　　Let ＿＿＿＿＿ ＿＿＿＿＿＿ your notebook.

(2) その車のパワーをテストしたい。

　　I want ＿＿＿＿＿ ＿＿＿＿＿＿ the power of the car.

(3) 毎日英語の練習をすると約束しますか？

　　Do you promise ＿＿＿＿＿ ＿＿＿＿＿＿ English every day?

Session 2　Do You Want to Know a Secret?　| **47**

■動詞と後続名詞の強い結合（V－O）

☆日本語で「～を…する」と言うとき，英語では動詞（V）の後に直接
　名詞（N）を置き，**V － N** の語順をとる。

☆V－N の関係にある N を，英語で object と呼ぶ。

☞object は，伝統的に「目的語」と呼ばれているが，「目的」という
　りは，「（向かい合う）対象」，「（働きかける）事物」に相当する概念。
　人物も object に含む。

☆**V － O** の連結をなすとき，その動詞または動詞句を「他動詞」と呼ぶ。

　　V（どうする）＝ **O**（何を）

　know　　　　　a secret

　say　　　　　　the words

　chop　　　　　the tree

英語は動詞を中心に！

この歌の導入部に，半ば語りかけるようなフレーズがついています。

　　　（主語と動詞）——（対象：どんなに～かを）

You'll never know —— how much I really love you.

　　　　　　　　　　　 how much I really care.

君には決してわかるまい —— 僕が本当はどんなに君を愛しているかを

　　　　　　　　　　　　　　本当はどんなに大事に思っているかを

　英語の構造理解で最も大事なのは，英語は動詞を中心に組み立て
られているゆえに動詞との位置関係によって意味が決まってくる，
ということです。詳しくは Session 5 の pp.74-75 を参照していただ

きたいのですが，ここに取り上げた 2 行は，いわゆる「目的語」をとる動詞（つまり他動詞）である know を基点にしつつ，その後ろに「何を知るのか」に当たる部分（対象＝O，通常「目的語」と呼ばれているもの）が「節」の形で与えられています。つまり，how much I really love you が全体として know との関係において「名詞節（N）」となっているのですね（次の行も同様です）。

　全体としては，You'll で始めて，否定の言葉 never とともに動詞 know を言い，その後で動詞の対象 O が添えられています。この O はこの場合のようにしばしばかなり長いものにもなりますが，いくら長くなっても，動詞 know の対象だという点は動きません。つまり O は必ず名詞相当となります。この V － O というパターンを，読解においても，また発話においても感じられるようになることを，この教材で学ぶことの目標の 1 つにしてください。

■動詞と場所の副詞の結合（V － adv）
☆動詞が表す動きの中には「対象」を伴わないものがある。主に自らの動きに関わる意味を持つそれらの動詞を「自動詞」と呼ぶ。自動詞には多くのケースで「副詞」（adverb，語源的には「動詞へ」）がついて，意味伝達を支える。

S（誰が）	V（どうする）	adv（どこへ，で，に）	
She	works.		仕事をする。
	goes	to school.	学校へ行く。
	stays	home.	家にいる。
	looks	at me.	僕に視線を向ける。

Session 2 Do You Want to Know a Secret? | **49**

☞Look at me. という文は，"look at" を１つの **V** と捉え，その「対象」を "me" と捉えても差し支えない。

Bridge

I've known a secret for a week or two,

Nobody knows, just we two.

I've known：（その間）知っていた。（☆現在完了形については Session 8 で学習する。）

for a week or two：１〜２週間の間

Nobody knows：誰も知らない。

ビートルズ「誰が歌っているのか？」問題

　ビートルズの４人のメンバーのうち誰がどの曲のどのパートを歌っているか，曲を聞けば瞬時にわかるものもありますが，この "Do You Want to Know A Secret?" はなかなか判別が難しいと思います。ジョージ・ハリソンなのですが，"I'm in love with you" の "I'm" で少しフラット気味にシャウトする部分など，たとえば同じアルバムにある "Ask Me Why" におけるジョンの "Should NEVER never never feel blue!" の大文字部分のシャウトにとてもよく似ています。

　よく知られているように，初期のビートルズにはメンバー間にはっきりとした権威の序列のようなものがありました。なんと言って

もすべてにおいてバンドの支柱となっていたのがガキ大将がそのまま大人になったようなジョンだったとすれば，純粋に音楽的な意味ではジョンに勝るとも劣らない才能を持ったポールがそこに拮抗，最年長のリンゴは独自のユーモアのセンスを持ったムードメーカーとしてゆるぎない地位をバンド内に占めていくのですが，問題は最年少のジョージでした。ギターはもちろん大変うまいのですが，あまり特徴らしい特徴の見当たらない，偉大な兄たちの影を一歩下がって追いかける努力家の弟，といった趣があります。とくにこのような曲を聞いていると，当時のレコーディングスタジオでリーダーのジョンにシャウトの仕方を指示されつつ，それを一生懸命真似ようとして首をひねっては繰り返しマイクに向かおうとする彼の生真面目な姿が目に浮かんでくるようです（実際は「一発 OK」だったのかもしれませんが）。

　だからこそ，そんな彼がのちに名曲 "Something" のソングライターとして才能を爆発させていく姿には，何か人の生き方にまつわる大きな真実を見るような感動を覚えずにはいられません。完成したこの曲を改めて聞いたとき，きっとジョンも，「最初からこいつには＜何か＞があると思っていたさ！」とでも思ったのではないでしょうか。〈N〉

Session 3　Because

―― be と do の宇宙――

ベートーヴェンの《月光》を，ヨーコがいろいろに変奏するのを聞いてイン
スピレーションを得たという《Because》という曲は，最小限の言葉で，宇
宙と人とのハーモニーを感じさせてくれます。またこれは，幻覚的な世界で
もあります。歌詞の解釈で，It turns me on. を「僕のスイッチを入れる」と
説明していますが，turn on という動詞は，幻覚剤によって日常（off の状態）
から，電灯のように「自分がついた」状態になる，というイメージを持つ言葉。
ジョンと「時代」を強く感じさせる作品を味わってみましょう。

ポイント　◎日本語にない母音　　◎ be 動詞と do 動詞

　　　　　　◎接続詞 because　　　◎「節」の概念

　　　　　　◎文の統語と品詞　　　◎名詞句について

■words & phrases

because the world is round：世界が丸いから

it turns me on：僕のスイッチを入れる（僕は on の状態に入る）

because the wind is high：風がハイだから（強風のことを high wind と
　いう）

blows my mind：僕の理性を吹き飛ばす

makes me cry：僕を泣かせる

《Because》

Abbey Road, 1969

Vocal trio: John Lennon, Paul McCartney and George Harrison

Because the world is round, it turns me on.
Because the world is round.
Ah . . .

Because the wind is high, it blows my mind.
Because the wind is high.
Ah . . .

Love is old, love is new,
Love is all, love is you.

Because the sky is blue, it makes me cry.
Because the sky is blue.
Ah . . .

■be 動詞と do 動詞
☆英語文は，使われる動詞によって be（ある／である系）と do（する

Session 3　Because　| **53**

系）とに二分される。日本語は「……丸い。」で文が終わるが，英語
では be 動詞を入れ，いわば「……丸くある。」と表現する。

　　　　　○である系　　　　　　　　○する系

S		be 〈どう〉	S	do	〈〜を〉	〈どう〉

The world is round.　　　　　It　turns　me　　　　　on.
　世界は丸い。　　　　　　　　　僕のスイッチを入れる。

The wind　is high.　　　　　　It　blows　my mind.
　風は強い。　　　　　　　　　　僕の理性を吹き飛ばす。

The sky　is blue.　　　　　　　It　makes　me　　　　　cry.
　空は青い。　　　　　　　　　　僕を泣かせる。

☆述語は，V — O で終わるとは限らない。

＊働きかけた結果，O がどういう状態になったかを，C（補語）で示す。

　　　　　　　V ── [O ── C]

Paul　　　drove　　John　　home.

ポールが　運転して→［ジョンは家へ］

　　　　（車でジョンを送り届けた）

＊働きかけた結果，O が何をしたかを，V（動詞原形）で示す。

　　　　　　　V ── [O ── V]

The blue makes　　you　cry.

青が　　　　させる　→［君が泣く］

　　　　（青のせいで君が泣く）

【Session 6 の「ネクサス」を参照】

Exercise 3-1 空欄にそれぞれの語句を入れて，Because the world is round, it turns me on. という文を基にして応用形を作り，声に出して言いなさい。最初の空欄には形容詞，次の空欄には動詞句が入ります。

(1) 世界は熱いゆえ，僕のハートを焼き焦がす。

A: hot   B: burns my heart

Because the world is （   ）, it [   ].

(2) 白鳥が白いゆえ，僕を悲しませる。

A: white   B: makes me sad

Because the swan is （   ）, it [   ].

(3) 太陽がまぶしくて，僕の目を見えなくする。

A: bright   B: blinds my eyes.

Because the sun is （   ）, it [   ].

(4) 値段が安いので，もっと買おう。

A: low   B: buy more

Because the price is （   ）, I'll [   ].

■節と接続詞

＊Exercise 3-1 の例文はすべて，

　　Because [**文 A**], [**文 B**]. というパターンを持っていた。

＊because という接続詞がついたことで，[文 A] は，[文 B] と合体し，一つの「複文」をなしつつ，[文 B] を説明する役回りに回った。

☆複文における単体の文を「節」（clause）と呼ぶ。「節」のうち，接続詞がついた側の節を従属節，説明を受ける側の文を「主節」または「主文」と呼ぶ。

Because the price is low, I'll buy more.

　　　　　　　　文 A　　　　　文 B
　　接続詞　　従属節　　　　主節

接続詞について

　言葉や文は文脈によって意味が決まってきますが，その文脈を決めるのに大きな役目を果たすのがこの「接続詞」です。A，B，2つの文があったとき，「A である，それゆえに B である」なのか，「A である，それなのに B である」なのか，によって，意味やニュアンスはまったく違ってきますよね。というか，その違いにこそ，話者の「思い」が載せられるのです。その意味で，接続詞は英語を学ぶうえでの最重要項目の1つです。

Pronunciation

■world の発音

＊world の母音は「アー」でも「オー」でも「ウー」でもない。まず以下の4語を発音してみよう。

　　word [wəːd], bird [bəːd], turn [təːn], burn [bəːn]

＊アメリカ英語では一般的に [r] の音が入る。

　　word [wəːrd], bird [bəːrd], turn [təːrn], burn [bəːrn]

　r は日本語の「ラ行」のように舌先を口蓋につけず，舌先を上向きにして，喉を震わせる。

　　rah, ree, roo, ray, row

＊world の [ld] の発音

[l] は，舌を上の歯と歯茎の後ろにしっかりつけて喉を震わす。同様の舌の位置で鼻に抜くと [n] になる。

　　bowl［boʊl］（ボウル）　→　bold［boʊld］（大胆な）

　　toll［toʊl］（通行料金）　→　told［toʊld］（言った）

＊母音を［oʊld］を［əːrld］に代えて

　　curled（カールした），world（世界）

Exercise 3-2　語末の［r］の発音練習をしたうえで，それぞれのセンテンスをゆっくり発音してみよう。

［準備練習］

　　tar［tɑːr］, tear［tɪər］, tour［tʊər］, tear［tɛər］, tore［tɔːr］

(1) Love is a star, love is a door.　　［ɑːr］［ɔːr］　愛は星，愛は扉。

(2) Love is smart, love is an art.　　［ɑːr］［ɑːr］　愛はスマート，愛は芸術。

(3) Love is near, love is here.　　　［ɪər］［ɪər］　愛は近い，愛はここに。

(4) Love is pure, love is cure.　　　［ʊər］［ʊər］　愛は純粋，愛は癒やし。

(5) Love isn't there. That's not fair.　［ɛər］［ɛər］　愛がない，不公平だ。

☞母音の後に r を伴う発音は，

　　英国式──r を発音せず，長母音にする，

　　米国式──長母音にしたうえで最後に r の音を加える

の別がある。ビートルズは英国出身だが，ロックンロールは米国出身。本講義は「本家本元」を重視せず，日本人の耳に親しみやすく，かつ日本語式にならない，日本人が倣うのに適した発音で行う。

Session 3 Because | **57**

Exercise 3-3 《Because》のメロディで歌ってみよう。

(1) Love is old, love is new.　　　[oʊ]—[uː]　　愛は古い，愛は新しい

(2) Love is cold, love is glue.　　[oʊ]—[uː]　　愛は冷たい，愛は糊

(3) Love is gold, love is blue.　　[oʊ]—[uː]　　愛は金色，愛は青

＊別の二重母音に変えて

(4) Love is light, love is bright.　　[aɪ]—[aɪ]　　愛は光，愛は明るい

(5) Love is a lie, love is a cry.　　[aɪ]—[aɪ]　　愛は嘘，愛は叫び

(6) Love is hate, love is a gate.　　[eɪ]—[eɪ]　　愛は憎しみ，愛は門

(7) Love is a boy, love is a toy.　　[ɔɪ]—[ɔɪ]　　愛は少年，愛は玩具

Exercise 3-4 Exercise 3-3 に出てきた次の補語のうち名詞はどれか。
　　　　　　　　また形容詞はどれか。

old	new	cold	glue	gold	blue	light
bright	lie	cry	hate	gate	toy	boy

関係が品詞を生むこと

　Exercise 3-4 は，品詞というものの性格上，明確には答えが出ない
ものです。というのも，"light blue" という語列では，light が形容詞
で blue は名詞。"blue light" という語列では，blue が形容詞で light
は名詞。"light blue sky" では light blue が 2 語で一つの形容詞にな
ります。gold は「金」ですが，名詞としての gold の特性（特に色）
を表す形容詞としても使われます。light の場合は，「明るい」が原意
なのか「光」が原意なのかわかりません。日本語であれば「明るい」
は「い」の語尾からして形容詞，「ひかり」は動詞「ひかる」に対し

名詞の語尾をしているので名詞，という判断が成り立ちますが，英語の品詞事情はそれとは異なります。

　もちろん「これは名詞以外ありえない」という単語もあるでしょう。glue（糊）を形容詞として想像するのは難しい。一本のスティック糊は"a glue stick"といいますが，その glue を stick を修飾する形容詞と見なす（グルーなスティック？）人は少ないと思います。

　一つの単語それ自体が名詞なのか形容詞なのかを考えるのではなく，句の中の語のつながりの中で，修飾される部分（N）と修飾する部分（A）の関係を見分けることがポイントになるということです。

■名詞・名詞句・名詞節

☆語（a word）だろうと，句（a phrase）だろうと，節（a clause）だろうと，動詞に対して主語や目的語になるものを名詞［N］と見なす。（本教材の立場）

S	V	O	
名詞		名詞	
Go	is	a verb.	go は動詞だ。
Cute	doesn't mean	pretty.	cute は pretty を意味しない。

S	V	O
名詞句		名詞節
Your next-door neighbor	knows	what time you go to the office.
あなたの隣家の人	知っている	あなたが何時に出勤するか

Session 3　Because ｜ **59**

☆英語の名詞は，その性質とイメージに合わせて，冠詞をまとい，単複
　の形を変える。

1）数えられる固体

　　　　Please sit on **a chair**. We have **three chairs**.

　　　　椅子にお座りください。椅子は3つあります。

2）数えられない物質

　　　　Do you want **some water**? This is **water**.

　　　　お水はいかがですか。これ，水です。

3）不可視ながら数えるもの

　　　　Our **plans** all failed. But this is **a** good idea.

　　　　我々の計画は全部失敗したが，これはいいアイディアだ。

4）抽象観念

　　　　Necessity is the mother of **invention**.　　必要は発明の母。

5）具体的な形をとった観念

　　　　These are great **inventions.**　　　　　これらは偉大な発明品です。

　　　　They are **necessities** for today's life.　　今日の生活には必需品です。

<u>Exercise 3-5</u>　文の空欄に，必要に応じて冠詞（a, the）や複数形の s
　　　　　　　　を補いつつ，それぞれの名詞を入れなさい。

（1）（　　　　　　　） are chirping in the trees.

　　　　　　　　　　　　　　　木々の中で鳥［bird］が鳴いている。

（2）（　　　　　　　） is beautiful.　　空［sky］は美しい。

（3）（　　　　　　　） will save the world.　愛［love］が世界を救うだろう。

カウンターカルチャーにとっての＜東洋＞とは？

　ビートルズはキャリア中期において，徐々にインド音楽への関心を深めていきます。彼らが活躍した 1960 年代は，1940 年代のホロコーストや原爆などに代表される第二次世界大戦の悲惨な破壊への反省，その後の欧米旧植民地の独立や人権思想の広範な浸透の結果，全世界的な規模で，ギリシア・ローマから始まってキリスト教や啓蒙主義・合理主義までを支えてきた西洋文明の根本思想がはらむ深刻な問題が，それまでとは比較にならないほど深刻に意識された時代だったのでした。

　たとえばアメリカでは，すでに 1950 年代，J. D. サリンジャーやアレン・ギンズバーグ，ジャック・ケルアック，ゲイリー・スナイダーなどという鋭敏な文学者たちが，よりサステナブルな世界構築への活路をインドや中国，日本などの東洋文化の世界観の中に見いだそうとしていましたし，そもそも「ロック」という音楽自体，アメリカ近代文明の担い手たる白人エリートによる文化の周縁部に置かれたものたちの声を代弁するカウンターカルチャーの代名詞でもありました。その最先端を進んでいたビートルズが，ロックミュージシャンの中でも最も早くインド文化へと関心を向けていくのはさまざまな意味で必然だったと言えるでしょう。〈N〉

Session 4　All My Loving

──僕から君へのメッセージ──

初期ビートルズの曲は，その多くが「僕から君へのメッセージ」になっています。うれしさ，さびしさ，不満の表明がリズムと音程とバックコーラスを伴って表情豊かに繰り広げられる──まさに対人コミュニケーションの宝庫といえます。その利点を十分に生かした学習を，シンプルな歌詞の歌で，今回も続けていきましょう。

ポイント　◎命令文と平叙文　　　◎指図と禁止と依頼と懇願の表現
　　　　　　　◎意志の助動詞 will　　◎「未来形」の捉え方

■歌詞に出てくるフレーズ

　all my loving の loving は名詞ですが，動詞の意味がこもっています。いわば「僕の愛し（愛の行い）のすべて」。抽象名詞ではなく，見つめ合ったりキスしたり。動詞に ing をつけると，そういう具体的なイメージを持つ語になります。

　この歌は「目をとじてよ，キスをするから」のセリフで始まります。これからしばしの別れなのでしょうか。miss you（君がいなくてさびしい）。I'll always be true（いつも君のことだけ思ってる）という常套句が続きます。while という接続詞のついた文も練習することにしましょう。write home（家や故郷に手紙を書く）というフレーズもチェックします。send（送る）など，その後に「何々を」「誰々に」という意味要素を必要とする動詞の使い方にも慣れていきましょう。

《All My Loving》

With the Beatles, 1963
Lead vocal: Paul McCartney

Close your eyes and I'll kiss you.
Tomorrow I'll miss you.
Remember, I'll always be true.
And then while I'm away,
I'll write home every day,
And I'll send all my loving to you.

verse 2 省略

All my loving I will send to you.
All my loving, darling I'll be true.

Phrases

★命令文＋ and ...　〜してごらん，そうすれば……
　　Close your eyes, and I'll kiss you.　目を閉じてごらん，キスしてあげる。
　　Walk straight, and you'll see it.　真っ直ぐ歩いて行けば，見えてくるでしょう。
★miss you　君がいなくてさびしく思う（典型的な別れの表現）
　　I'll miss you.　　　　（君がいなくて）さびしくなるなあ。
　　I'll miss you, too.　わたしもよ。

Session 4　All My Loving | **63**

★be true　裏切らない，本心のまま

　　I'll always be true.　　いつも真心で接するよ。

　　Be true to yourself.　　自分に素直になりなさい。

Let's Sing

■4ビート

＊この歌は，リズムギターが忙しくかき鳴らされているが，ベースは「イチ，ニ，サン，シ」の早足歩行のようなリズムを刻み，それに併せて，1音節ずつ歌われる。(「4ビート」は英語で，"4 to the bar" という。)

＊Close your eyes. の eyes に1拍めがくる。強く発音される音節が1拍めに集中していることに注目しよう。

＊ときどきボーカルが拍を食う(ベースに先んじてフライング気味に歌っている)。これができると，ロックのグルーヴが醸し出せる。

1	2	3	4	**1**	2	3	4
						Close	your
⇐**eyes**	—	and	⇐I'll	**kiss**	⇐you.		To-
mor-	—	row	⇐I'll	**miss**	⇐you.		Re-
mem-	—	⇐ber	⇐I'll	**al-**	—	ways	be
true	—	—	—	—.		And	then
⇐**while**	—	I'm	a-	⇐**way,**		I'll	write
home	—	e-	⇐v'ry	⇐**day,**	—	and	⇐I'll
send	—	all	my	**lov-ing**	—		to
you	—	—	—	—.			

64

☆英語文には形に応じて，次のような呼び名がある。

平叙文─**肯定文**（I am John.）および**否定文**（It's not a chair.）

疑問文　Do you want it?（否定疑問文　Don't you want it?）

命令文　Do it.（否定命令文　Don't do it.）

感嘆文　How funny you are!　あなたは何ておかしいんでしょう。

■命令文と平叙文【Session 1 p.32，Session 2 p.46 参照】

　命令文──相手を動かす文。動詞から始める。

　平叙文──事実を伝える文。主語─述語の構造をとる。

命令文　命令に限らず，依頼，要請，懇願などをするとき。主語を置か
　　　　　ず，動詞の原形（辞書にある形）と同じ形をそのまま使う。

Close your eyes.	目を閉じて。
Remember.	思い出して／忘れないで。
Don't forget.	忘れないで。
Listen.	いいかい（聞いて）。
Be happy.	楽しい気持ちでいて。

平叙文　事実や気持ちを伝える。動詞句（助動詞を含む）が活用変化。

I'm away.	僕は留守にしている。
I'll remember it.	そのことは覚えておこう。
I will never forget it.	僕は決して忘れない。
Julia calls me.	ジュリアは僕を呼ぶ。
I'm happy.	僕は楽しい。

Exercise 4-1　命令形の動詞に下線を引きなさい。

（1）Shake it up, baby. Twist and shout.

（2）Blackbird, fly ─ into the light of the dark, black night.

Session 4 All My Loving | **65**

(3) Remember me, Martha my love. Don't forget me.

(4) Please don't be long. Please don't you be very long.

■**Please のついた依頼文**

☆英語の命令文が「命令」に使われることは実は多くない。日本語の「し
ろ」「しなさい」に相当する命令調子は本来ない。とはいえ，相手に
働きかけるからには，その物言いは，何かしらの丁寧さを要求される。
そのときに便利なのが，おなじみの please。この一語を加えることで，
相手への敬意を示すことができる。また please を強く言うことで，
訴える気持ちを強めることができる。

Exercise 4-2　please という言葉は「喜ばせる」という意味の他動詞
にも使われる。歌の一節を聞いて，「どうか」という依
頼／懇願の意味合いを持つ please に下線を引きなさい。

Come on, come on, come on, come on . . .
Please please me, woh yeah, like I please you.

　＊like I please you.　僕が君を please するのと同様に
　　like は「〜のように」の意味を持つ接続詞。

☞他人にものを頼む命令文と，世の実態を叙述する現在形・過去形の平
叙文だけでは表現しきれないことがたくさんあります。「これから自
分はこうするんだ」という意志や，これから君はこうなるだろうとい
う未来の推量には，それなりの表現を使わなければなりません。以下，
意志／未来の助動詞 will の使い方に慣れていきましょう。

■意志を示す助動詞 will

☆動詞の現在形は，一般に事実や習慣を表す。

I **send** a package to my mother every month.

私は毎月母に荷物を送っている。

☆自分の気持ち（意志）を表現する「送りますね」（きっと送るつもりです）は，助動詞 will をつけて，このように言う。

I **will send** you the money tomorrow.

明日，そのお金をあなたに送ります。

☆can，will，should（〜すべき），may（〜かもしれない）などの助動詞は，動詞の前について，事実そのものではなく，話者の意志，判断，期待などを加味した情報を伝える。【Session 8 参照】

☆I will は自分の意志を伝える言い方。多くの場合，I'll に簡略化する。

S	V	O		〈where〉	〈when〉
		〈who〉 〈what〉			
I	'll kiss	you			
I	'll write			home	every day
I	'll send	all my loving		to you	

☆対象を強調して前に出す倒置形の文

O	S	V	〈where〉
All my loving	I	will send	to you

■接続詞 while

☆while は「〜の間」。継続期間を示す接続詞。

従属節			主文	
〈while〉＋ s v c	S	V	〈where〉	〈when〉
While I'm away,	I'll	write	home	every day.
離れている間		手紙を書く	故郷に	毎日。

Exercise 4-3 （　　）の中に主語と be 動詞を入れて，英語で言いなさい。

（1）あなたの留守に電話が鳴りましたよ。

　　The phone rang while （　　　）（　　　）out.

（2）僕のいない間に彼女が来たら，お願い，教えて。

　　If she turns up while （　　　）gone, please let me know.

■助動詞 will の広い用法

☆will は，名詞として「意志」を意味するが，助動詞としての will は，意志の表現だけでなく，今後のことを表現するときに広く用いられる。

Tomorrow I'll miss you.

　　　　明日になると，君が恋しく（＝いなくてさびしく）なるだろう。

It will rain tomorrow.　明日は雨だろう。

☆will は他の助動詞同様，主語が三人称単数（he や she や it）でも wills とはならない。

☆will の後には「動詞の原形」がくる。これはすべての助動詞について言える。

■「動詞＋ing」について

　動詞の原形に -ing をつけた形は，「現在分詞」と呼ばれ，ある行動が

進行 / 継続しているイメージを添える。単独では動詞とならず，be 動詞に接続したり，形容詞や名詞として使われる。

He　　walks.　　　　He　　is　　walking.
彼は　　歩く。　　　　　彼は ― いる ― 歩いて

（連体修飾）

a walking man　　　a loving　　care
　　歩く　　男　　　　愛ある　　　ケア

（名詞）

a little　　walking　　all　　my loving
ちょっとした一歩き　　すべての 僕の "愛し"

動名詞

　動詞に ing がついた名詞を「動名詞」と呼んでいます。これは名詞でありながら動詞の意味を保っていることばです。"all my loving" の loving がまさにそれです。all my love が「僕の愛のすべて」という静的・抽象的な意味になるのに対し，all my loving はドキドキしたり，夢の中でキスしたり，という動詞のイメージになります。そうした生々しい loving を全部送る，と歌っているんですね。

Session 4　All My Loving　|　**69**

Exercise 4-4　次の歌詞の意味を取りなさい。

Oh please say to me

You'll let me be your man.

And please say to me

You'll let me hold your hand.

Now let me hold your hand,

I wanna hold your hand.

■依頼表現としての Will you ...？

相手の意志を伺うことで，依頼が成立する。

Will you let me hold your hand?　　僕に手を握らせてくれる？

Will you marry me?　　　　　　　　私と結婚してくれますか？

■will not ＝ won't ［woʊnt］

I won't eat it.（食べる気はない）　　cf. I want to eat it.（食べたい）

You **won't** see me.　　　　　　　　君は僕に会ってくれない。

☆Won't you? は Will you? と同義で，軽い依頼によく使われる。

Won't you please help me?　　　お願いだ，助けてくれないか？

Let's Sing

---

verse 2

I'll pretend that I'm kissing

The lips I am missing,

And hope that my dreams will come true.

And then while I'm away,

I'll write home every day,

And I'll send all my loving to you.

■動詞に ing をつけると〈進行中〉や〈継続〉の意味が加わる
　kiss（キスする）　→　kissing（キス<u>している</u>）
　miss（～の欠落を感じる）→ missing（欠落を感じ<u>ている</u>,
　　　　　　　　　　　　　　　～がいなくてさびしい思いを<u>している</u>）
＊kissing や missing は be 動詞の後ろに置いて主語につなぐ。

☆違いを確認しよう。
　I kiss.（事実や習慣をいう形）
　　I always kiss him goodnight.　　　いつも彼におやすみのキスをする。
　I will kiss.（今の意向をいう形）
　　Will you kiss him?　　　　　　　　彼にキスするつもり？
　I am kissing.（今の状態をいう形）
　　I'm kissing the lips.　　　　　　　その唇にいま僕はキスをしている。

☆OSV という形が現れる 2 つのケース

＊SVO の倒置形（O の強調）：全体で一つの文

O　　　　　**S**　**V**

All my loving　I　will send to you.

＊名詞句を SV が説明する関係：全体で一つの名詞句

O　　　　　**S**　**V**

the lips　　　I　am missing

その唇　←　今ここになくて僕がさびしい

☆長い文の構造を確認する。

S － V　　I'll pretend —　　ふりをするよ（―何の？）

　　― O　　that — I'm kissing —　　キスをしている（―何に？）

　　　　　　the lips —　　唇に（―どんな？）

　　　　　　I am missing,　　僕の前にない

　　　　and

(S)― V　　(I) hope —　　そして望む（―何を）

　　― O　　　that — my dreams will come true.

　　　　　　　　僕の夢がかなうことを。

Session 5　Hello, Goodbye / Love Me Do

―― Yes と No の行き別れ――

とかくこの世は対立二派に分かれるもの。言語の世界，意識の世界も，こちらかあちらか，Yes か No かで進んでいきます。コンピュータの演算世界も同様で，ゼロかイチか決まることでワンビットの情報になる。でもこの Yes と No，日本語の「はい／いいえ」とは異なることをご存じでしたか。日本語になかなかなじまない，絶対肯定・絶対否定の感覚を，英文法の学習により，磨いていきたいと思います。

ポイント　　◎ SVO 構文　　　　　　◎ 5W1H のついた名詞節
　　　　　　　◎ Yes と No の意味　　◎強調の助動詞 do
　　　　　　　◎疑問文と否定文

■歌詞の意味

　今回はあらかじめ語句の説明をしません。ナンセンスに見えて，ちょっと物悲しくもあり，考えていくと哲学的な意味もありそうな，でも結局楽しいポールの，基本単語の続く世界をエンジョイしていきましょう。

《Hello, Goodbye》

UK & US #1 single, 1967
Lead Vocal: Paul McCartney

You say yes, I say no,
You say stop, but I say go, go, go.
Oh, no.
You say goodbye and I say hello.

Hello, hello,
I don't know why you say goodbye, I say hello.
Hello, hello,
I don't know why you say goodbye, I say hello.

I say high, you say low,
You say why and I say I don't know.
Oh, no.
You say goodbye and I say hello.

Hello, hello,
I don't know why you say goodbye, I say hello.
Hello, hello,
I don't know why you say goodbye, I say hello.

Let's Sing

■ウラの拍取り

1	2	3	4	5	6	7	8
You say	yes.			I say	no.		
You say	stop,	(and)		I say	go,	go,	go.
↘ ↗	↗			↘ ↗	↗	↗	↗

☆上記の表示で強い上向きの矢印↗はウラ拍のビートを示す。4拍子の手拍子と半拍ずらして（早めて）発声する。

＊goodbye の -bye や，hello の -lo のように，2音節で，後ろに強いアクセントのくる語は，日常の会話でもウラの感覚で言うとよい。

Exercise 5-1　矢印が示す拍取りで言ってみましょう。

Start me up.	Start me up.
She loves you.	She loves you.
Help me out.	Help me out.
↘ ↘ ↘	↘　　↗

Syntax

■英語の根幹：SVO 構文

☆英語は動詞を中心に据えた構文をつくる。これはすべての英語文について成り立つ大原則。

Session 5　Hello, Goodbye / Love Me Do　|　**75**

主語（S）　→	動詞（V）　→	対象（O）
（誰が）	（何する）	（何を）
You	say	yes.
I	say	no.
She	says	she loves you.
I	don't know	why you say goodbye.
	知らない	［なぜ君がグッバイを言うか］

「5W1H」

（だれ）	I don't know **who** he is.	［彼がだれだか］
（なに）	I don't know **what** this is.	［これが何だか］
（いつ）	Tell me **when** you did it.	［いつやったのか］
（どこ）	Tell me **where** we'll meet.	［どこで会うのか］
（なぜ）	Do you know **why** I am here?	［なぜここにいるのか］
（どう）	Do you know **how** I did it?	［どうやったのか］

Exercise 5-2　音声を聞いて空欄に 5W1H のいずれかを書き入れなさい。

（1）Get back to （　　　　） you once belonged.

　　　　　　　once belonged：かつて属した

（2）Open up your eyes now, tell me （　　　　） you see.

　　It is no surprise now, （　　　　） you see is me.

　　Tell me （　　　　） you see.

　　　　　　　no surprise：ビックリさせられないこと，あたり前

＊一部の動詞は，その対象として「誰に」と「何を」の両者を必要とする。

V	〈who〉	〈what〉	
Tell	me	what you see.	何が見えるか言って。
Show	me	what you saw.	何を見たか見せて。

■I don't know（who, what, where, when, why, how）

（誰，何，どこ，いつ，なぜ，どのように）か知らない

＊I don't know の対象が，「疑問詞」つきの節や句になることが多い。

I don't know **why** you say goodbye.

I don't know **why** nobody told you.

> わからない：どうして，誰も君に言わなかったのか。

I don't know **how** someone controlled you.

> わからない：どうやって，誰かが君をコントロールした（操った）のか。

> ＊told は tell の，controlled は control の過去形。

I'm so tired, I don't know **what** to do.

> あんまり疲れていて，何をすべきかわからない。

＊疑問詞の後に「文」をつける（「節」にする）必要は必ずしもない。

主語が明白な場合は「to 不定詞」だけで十分。

S	V	O	
I	don't know	what to say.	何と言ったらいいか
		where to go.	どこへ行くべきか
		how to cook it.	どうやって調理するのか

Session 5　Hello, Goodbye / Love Me Do　|　**77**

Exercise 5-3　Do you know の後につけて，質問してみましょう。

(1) 彼がどこへ行ったのか　　　　　where he went

＊went は go の過去形。

(2) いつ演奏を始めるのか　　　　　when they start playing

(3) どうやってここまで来たのか　　how we got here

(4) なぜ彼が疲れているのか　　　　why he's tired

Exercise 5-4　与えられた意味の英語文になるよう，（　　）の中に how much（どのくらい）か how many（いくつ）を入れなさい。

(1) You'll never know（　　　　　　）I really love you.

僕がどのくらい君のことを愛しているか，君には永遠にわからないだろう。

(2) Tell me（　　　　　　）you paid for it.

それにいくら払ったのか言って。

(3) I don't remember（　　　　　　）I ate.

いくつ食べたのか覚えていない。

■Yes と No

☆Yes は「はい」ではない。No は「いいえ」ではない。

《英語で答えるとき》

Did you do it?		していたら→	Yes, I did.
と聞かれて……		していなかったら→	No, I didn't.
Didn't you do it?		していたら→	**Yes**, I did.
と聞かれて……		していなかったら→	**No**, I didn't.

《日本語で答えるとき》

しましたか？	していたら→	はい，しました。
と聞かれて……	していなかったら→	いいえ，していません。
しなかったのですか？	していたら→	**いいえ**，しました。
と聞かれて……	していなかったら→	**はい**，していません。

☆英語の Yes / No は，絶対肯定・絶対否定

＊とにかく「する」なら Yes，「しない」なら No。相手の言うことに左右されない。

☆日本語の「はい／いいえ」は対人肯定・対人否定。相手を基準にして，同意や訂正を示す。

事実志向の英語，対人志向の日本語

　「Yes は絶対肯定」ですから，Yes, I don't. という文は存在しません。同様に「No は絶対否定」ですから，No, I do. という文は存在しません。（もちろん，Do you want to go? に対して，No. I'll stay. と言うことはあります。これは No. で文がいったん終わっていて，I'll stay. は新しい文だと考えるのが妥当です。）

　日本語の「はい，しません」という文は，英語圏の学習者には不思議に見えるかもしれません。でも，「はい」は Yes ではなく，You're correct. の意味です——と教えると納得するようです。「いいえ」は，You missed it.（ハズレです）または It's different.（違います）ということ。「日本語は対人肯定，対人否定」ということの意味，よろしいでしょうか。

■真実にこだわる do

can が「できる」「ありうる」という可能性を示す助動詞だとすると，do は「現実に〜する」「事実として〜している」というニュアンスを添える助動詞。do の過去形 did で練習してみましょう。

—— **Did** you give me a call?　　　　電話くれた？

—— Yes, I **did**.　　　　　　　　　　うん，したよ。

—— Oh, **did** you? My phone **didn't** ring.　そう？　電話鳴らなかったけど。

—— But I **did**. I **did** ring it.　　　　でも鳴らしたんだよ。本当だよ。

☞メインの動詞は give や ring なのに，did が大活躍。それはこの会話が，事実かどうかにこだわったものであるからです。事実性を確認したり強調したりするのが助動詞 do / did の働き。そこに注目しながら，ビートルズのデビュー曲を聴いてみましょう。

《Love Me Do》

The Beatles' first UK single, 1962

Sung in harmony by John and Paul

Love, love me do,

You know I love you.

I'll always be true,

So please

Love me do. . . .

■強調文，疑問文，否定文

☆英語を話すとき，動詞を強調すると，「本当だ」「これは事実だ」という意味合いを強めることができるが，そのやり方は，be 動詞（や助動詞）と，do 動詞（be 動詞以外の動詞）で異なる。

☆疑問文は，白黒をはっきりさせるのが目的なので，do 動詞では文頭に強調の助動詞 do がつく。

    You promise? Do you?　　　約束する？　ほんとに？

    Yes, I do. I **do** promise.　　　約束するよ。ほんとだって。

☆「否定文」も，not をつけただけの古い言い方は廃れて，強調の助動詞 do の否定形を使うようになった。

    I know not.　→　I **don't** know.

☆基本的に「〜がある」「〜である」の意味を持つ be 動詞の文を，「〜する」を含意する do で強めることはない。強めるときは，be 動詞自体を強く言う。

    Wake up, Susie.　　　　　　起きなさい，スージー。

    I **am** up, Mom.　　　　　　起きてるわよ，お母さん。

☆be 動詞文を，尻上がりのイントネーションで言えば，質問していることが伝わるが，そうであるのかどうか，事実をただしたい場合は，be 動詞を主語の前に持ってきて強調したうえで，尻上がりのイントネーションにする。

    You are . . . OK?　　　　　大丈夫，ですよね？

    Are you OK?　　　　　　　大丈夫ですか？

Session 5 Hello, Goodbye / Love Me Do | **81**

Exercise 5-5 例にならって，それぞれの文を疑問文に書き換えなさい。

〈例〉 I am the Walrus. → Am I the Walrus?

I feel fine. → Do I feel fine?

(1) Baby, you're a rich man. → _____

(2) I need you. → _____

(3) Happiness is a warm gun. → _____

(4) She loves you. → _____

＊助動詞 do は三人称単数現在で does に変化する。

(5) She's a woman. → _____

Exercise 5-6 例にならって，それぞれの文を否定文に書き換えなさい。

〈例〉 I am the Walrus. → I'm not the Walrus.

And I love her. → And I don't love her.

(1) I want to spoil the party. → _____

（パーティを壊したくない）

(2) I wanna be your man. → _____

（あんたの男になりたくない）

(3) I'm a loser. → _____

（僕は敗北者ではない）

(4) I'll follow the sun. → _____

（僕は太陽を追わないよ）

(5) You'll see me. → _____

（君は僕に会うまい／会う気がない）

エッセイ　ビートルズの楽しみ方

大橋理枝

　ビートルズはさまざまな観点から楽しみを見いだすことができる存在だと思います。以下に述べる各ポイントについてはそれぞれ専門家の方がおられるので詳述はそちらに譲ることとし、ここではあくまで一個人の目線から見た楽しみ方をいくつか挙げてみます。

・イメージから
　ビートルズがデビューしたときはマッシュルームカットと（襟なし）スーツがトレードマークとされました。もちろんこれは本人たちのもともとのスタイルではなく、マネージャーのブライアン・エプスタインによるイメージ戦略でしたが、この髪型でも当時は「長髪」とされ、「不良」と呼ばれていたということは、今から考えれば本当に驚きです。デビュー後しばらくはスーツでライブをやっていましたが、活動時期とともに服装も変わり、髪もさらに長くなったりもしました。

　ビートルズが活動していた1960年代といえば、米ソ冷戦の真っ只中で、1962年にはキューバ危機があり、1968年にはプラハの春がありました。1965年にはアメ

写真提供　Alamy/ユニフォトプレス

リカによる北ベトナムの爆撃が始まりましたが、1966年頃からは反戦の機運も高まり、ヒッピー・ムーブメントやサイケデリック・ムーブメントも起きています。このような時代背景とも絡めてビートルズの活躍を考えたり、メンバーが打ち出しているイメージ自体が背景と相まってどのように変化していったのかを考えるのも楽しめます。

・技術的発展から

　ビートルズはさまざまな技術を取り入れることにも積極的で、初期のアルバムからオーバーダビング（同じ曲のボーカルを同じ人が2回以上歌った録音をレコードにするときに重ねて一つにしたりする技術）などを使っていました（例えば"And I Love Her"にはボーカルのポールの声がオーバーダビングされているのが聞けるバージョンもあります）。ステレオ録音も積極的に使っていましたが、当時のステレオ録音は右側と左側から別の音が聞こえてくるような仕様になっているものもあり、友達と一緒に曲を聞きたくてそれぞれがヘッドフォンの左右どちらか片耳ずつを聞くと、二人が聞こえている音楽がまるで違う、という現象も起こりました。個人的にはこれはかなり面白かったです。

　また、レコーディングの際にテープの逆回転を用いるというのも、聞いていて面白い効果があります。"Rain"という曲の最後の部分の歌詞が何を言っているのかわからないのですが、これは歌の中の歌詞の一部を逆回転させたものを入れている箇所です。したがって歌詞は聞き取れなくて当然なのですが、どうしても何か聞き取りたくなってしまい、まったく事実無根の歌詞として覚えてしまいかねません（見方を変えれば、これは知らない単語は聞き取れないということの証左にもなるのですが）。当時の標準はレコードだったはずなので、ターン・テーブル上で逆に回してみればこの逆回転の音声が確認できたはずですが、現代にお

ける標準である CD は逆回転させることは非常に難しいので，技術的進歩の結果これが確認できなくなってしまったともいえるかもしれません（もちろんコンピュータに取り込んで逆向きに再生すればよいと言われればそれまでですが）。

中野先生のコラムにもある通り，"All You Need Is Love" は史上初の世界同時生中継番組*だった「Our World（われらの世界）」という番組でその録音が世界中に生中継された曲です。この中継は当時の技術としては画期的なものだったはずで，その企画の中心に英国 BBC が持ってきたのが我らがビートルズだったというのは何だか誇らしくなります。一方，今でこそ「口パク」（ライブやテレビ収録時に楽曲を演奏する際に生演奏するのでなく予め録音してある音楽に合わせて演奏すること）は非難されたりしますが，当時の演奏映像では珍しくなかったと言われています。ビートルズの映像を見ているとときどき鳴っている音楽と歌詞の口の形が合っていなかったりして，これも発見すると楽しいです。

・音楽から

この教材の中では取り上げている曲について作者名を載せていますが，ビートルズの曲の多くは Lennon-McCartney 作となっています。これらの中には "From Me To You"，"She Loves You"，"I Want to Hold Your Hand" などのように二人で合作したものだけでなく，ジョンやポールが単独で作ったものもかなりあるようです。一方 Harrison 作とされている曲は，数は少ないものの名曲と言われる有名な曲もあります。誰が作ったどの曲が好きか，という談義はファンの間では永遠の楽しみです。

---

*英国 BBC の提唱で，フィルムや録画を一切使わず，世界各地の "その瞬間" を宇宙中継でそのままブラウン管に映し出した史上初の世界同時生中継番組。参加 14 か国，31 の中継地点を設け，24 か国 4 億人に視聴された。（https://www2.nhk.or.jp/archives/movies/?id=D0009043984_00000 より引用 2024.2.25 参照）

エッセイ　ビートルズの楽しみ方　│　**85**

　ところで，ビートルズの歌のメロディに関してちょっと変わった見方を。"Yesterday" や "Let It Be" などの曲は比較的多くの音が使われています。このような曲は私が吹くような単音楽器（ファゴット）でメロディをなぞってもそれなりに曲として聞こえます。一方，デビュー曲の "Love Me Do" に使われている音の数はかなり少ないですし，"For No One" のように同じ音が繰り返される曲もあるのですが，これらの曲は単音楽器でメロディをなぞると非常につまらなくしか聞こえません。それでもやっぱりビートルズの曲はすばらしいと言えるのは，音の運び方やハーモニーの面白さによるところも大きいのだろうと思います。

　音の運び方といえば，ビートルズの曲の中には通常では考えられないようなコード進行の曲も珍しくありません。例えば "If I Fell" のコード進行は通常のポピュラー音楽のものとはかなり違っているようですし，"Norwegian Wood" に至っては中世のグレゴリオ聖歌の中で使われているのと同じ構造の旋法が使われているようです。リズムについても一般的な 8 ビート（や，その仲間の 4 ビートや 16 ビート）だけでなく，3 拍子系のものも多く使われている（授業で取り上げた "Norwegian Wood" だけでなく "You've Got to Hide Your Love Away" などもそうです）ことに加え，ときどき変拍子が使われていたりします。変拍子については中野先生がコラムの中で言及された "All You Need Is Love" が有名ですが，ジョージの名曲の一つとされる "Here Comes the Sun" のブリッジも変拍子になっています。

　さらには楽器についても，通常のロックバンドでは珍しいものが多数あって面白いです。ジョージがインド楽器であるシタールを演奏していたことは有名（"Norwegian Wood" や "Love You Too" で聞くことができます）ですが，それ以外にも "Every Little Thing" ではリンゴがティンパニを叩いていたり，"Love Me Do" や "I Should Have Known

Better"ではジョンがハーモニカを吹いていたりします。さらに"Penny Lane"や"All You Need Is Love"ではピッコロトランペットが使われています（これはさすがにメンバーによる演奏ではありませんが），"A Day in the Life"ではオーケストラまで使われています。

　もう一つの楽しみ方は，バージョン違いによる曲の差の発見です。ビートルズの曲にはイギリスで発売された公式アルバムに加え，アメリカ版のアルバム，日本版のアルバムなどさまざまなものがあり，収録されているテイクが異なるものもかなり多いです。例えば"Across the Universe"ではサビの部分にコーラスが入っているバージョンと入っていないバージョンがあります。また，特に初期の作品では二人でハモっているところなどで片方が歌詞を間違えていてもそのままレコードにしてしまっている曲もあり（"Please Please Me"の3番の歌詞など），別のバージョンではその部分が変わっていたりすることもあります。今でこそアルバムを聴き比べて曲の違いをまとめてあるウェブサイトなどもありますが，インターネット時代以前には自分で聞き比べたりなどしてバージョン違いを発見していました。これなどはまさにファンにとってのビートルズの楽しみ方の一つだったと言えると思います。

・言葉から
　ビートルズのメンバーはイギリスのリヴァプール出身ですが，彼らの発音は私がなじんでいるアメリカ英語の発音とはかなり異なることがあります。"Here, There, and Everywhere"のthereは，私なら語末のrをかなりしっかり発音するのに対し，この曲を歌っているポールはほとんどrを発音していないように聞こえます。これはジョンが歌う"Strawberry Fields Forever"のforeverでも同様です。このような違いを聞き取り，真似ることを通して，私はアメリカ英語とイギリス英語の

違いを「体感」してきました。（それでも，とあるライブのときにポールが"Paperback Writer"という曲名を言うのに［péɪpər］でも［péɪpə］でもなくむしろ［páɪpə］に近い発音をしていたのには少し驚きましたが。）そしてもちろん，ビートルズの歌を通して文法事項もたくさん吸収しました。「もし〜だったら」や「もっと〜しておくべきだった」などのややこしい言い方も，歌の歌詞として覚えた If I were you I'd realize that I love you more than any other guy.（"No Reply"）や I should have known better with a girl like you.（"I Should Have Known Better"）などの表現として理屈抜きで忘れません。

　しかし，それより私自身がビートルズの一番の魅力だと感じているのは，歌詞の内容です。"While My Guitar Gently Weeps"や"Here Comes the Sun"は，どんな気持ちを表現したのだろう？　と興味がわきます。一方，"Eleanor Rigby"や"She's Leaving Home"で語られる物語もとても魅力的で，この登場人物はどんな人だったのだろう，これからどうなるのだろう，と思い切り自由に想像できます。そして，"In My Life"や"Across the Universe"の歌詞などは，そこで描き出したい内容を表現するための言葉の選び方が本当にうまいなあと心底感心してしまいます。やはりこれらの歌詞を味わうことができるのは，とても楽しいことだと思うのです。

　英語教師でもない限り，文法は文法事項として理解するためのものではなく，表現された内容を理解するためのものです。この教材ではビートルズの歌詞を題材にして英文法を説明していますが，私たちはその説明を通してビートルズの歌の歌詞のすばらしさを皆様にお伝えしたいと思っています。ぜひ皆様もビートルズの歌詞の魅力を発見してください。

Photo by Getty Images

II Songs That Tell a Story

Session 6

You're Going to Lose That Girl / When I'm Sixty-Four

──さもないと，こうなるよ──

今回は，映画『ヘルプ！ 4人はアイドル』で印象的にかかるナンバーから入ります。「もし君が〜だと」の部分を if を使って，「こうなってしまう」という警告を，you're going to ... という言い方で繰り返すこの歌をしっかりキャッチしてください。「自分はこうするぞ」という意思表明，I will で始まる文も併せて学習します。

ポイント　◎ be going to の用法　◎接続詞 if と when
　　　　　　◎名詞節と副詞節　　　◎ネクサスと補語

■words & phrases

You're gonna（= going to）...：君はこれから（こうする，こうなる）

lose that girl：あの子を失う

If you don't ...：…しなければ

take her out：彼女を連れて外出（デート）する

change her mind：考えを変える，気が変わる

treat her kind：彼女にやさしく接する

Session 6　You're Going to Lose That Girl / When I'm Sixty-Four　| **91**

《You're Going to Lose That Girl》

Help! 1965

Lead Vocal: John, backed by Paul and George

You're gonna lose that girl,

(Yes, yes, you're gonna lose that girl.)

You're gonna lose that girl.

(Yes, yes, you're gonna lose that girl.)

If you don't take her out tonight, she's gonna change her mind,

(She's gonna change her mind.)

And I will take her out tonight, and I will treat her kind.

(I'm gonna treat her kind.)

■going to：どうなる，どうする，どこへ進む

☆going to（a place）──今（ある場所へ）行くところ

　　Where are you going?　　　　どこへお出かけですか？

　　I'm going to the airport.　　　空港まで行くところです。

☆going to（do ～）──これから何々をするところ

　　What are you going to do?　　どうするんですか？

　　I'm going to call the police.　警察に電話します。

＊be going to 全体で「助動詞」相当の働きをしていると考えてよい。

☆くだけた会話では，短縮形で使われる。

I'm gonna do it.　　You're gonna do it.

She's gonna come.　We're gonna go.

Exercise 6-1　指定されたリズムで言ってみましょう。

(1) You're　　gonna　　lose　　　that　　　　girl
　　↘　　　　↘　　　　↘　　　　↘　　　　↘

(2)　You're　gonna　lose　　　that　　　　　girl
　　　↗　↘　↗　↘　　　　↘　　　　　　↘

(3)　You're　gonna　lose　that　　　　girl
　　　↗　↘　↗　↘　↗　　　　↗

(4)　You're　　gonna　　lose　　　　　　　　　that　girl
　　　↗　↘　↗　↘　　　　　　　　　↘　　↘

Exercise 6-2　今日のナンバーを歌いましょう。

＊最初は講師がリードを歌い，皆さんはバックコーラス（カッコ内）を。

＊次に皆さんのリードに合わせ，講師がコーラスを入れる。

1		2		3		4		1		2		3		4	
↘	↗	↘	↗	↘	↗	↘	↗	↘	↗	↘	↗	↘	↗	↘	↗
	If	you	don't	take	her		out		to-	night,		she's	gon-		na
change	her		mind.												
		(She's		gon-		na		change	her		mind.)				
	And	I	will	take	her		out		to-	night,		and	I		will
treat	her		kind.												
		(I'm		gon-		na		treat	her		kind.)				

■現在進行形

☆〈be 動詞＋動詞 ing〉の形は，いわゆる"現在形"（事実や習慣の表現）とは異なり，現在進行中のことを言い表す。

Where do you go to college?　　どこの大学へ行っていますか？

　I go to Harvard.　　　　　　　ハーバードへ行っています。（所属の表明）

Where are you going now?　　　今どこへ行くところですか？

　I'm going back to Boston.　　ボストンに戻るところです。

☆〈be going to〉全体を「今から何をするのか」を示す助動詞と見ることができる。

What are you going to do there?　　そこで何をするのですか？

　I'm going to go back to the lab and start my experiment.

　　　　　　　　　　　　　　　　　　実験室に戻って実験を始めます。

■動詞と副詞

☆take her out　彼女をデートに誘う

＊基本動詞と副詞 out が一緒になって「連れ出す」という意味をつくる。デートの文脈で使われることが多い。

I want to take her out to dinner sometime.

　　いつか彼女を食事にお連れしたい。

＊動詞を go や ask に替えて──

　　Who did you go out with?　　　あなた，誰とデートしたの？

　　Are you going to ask him out?　彼をデートに誘うつもり？

☆treat her kind　彼女に親切にする，やさしく接する。

＊kind は，ここでは動詞 treat にかかる副詞。副詞の印である -ly をつ
　けてもよいが，形容詞の形のまま副詞の働きをする用法も一般的。

　Hold me tight.　きつく抱いて。(tightly とすると理性的，観察的な発言
　になって感情の表現になりにくい)

■接続詞 if がつくる「条件節」

☆ある文に接続詞 if をつけると「もし〜なら」という「条件節」になる

　　文：You don't take her out tonight.（君は〜しない。＝断定）

　　節：If you don't take her out tonight . . .（もし君が〜しないなら＝仮定）

☆主文と条件節の位置は，どちらが先でもよい。

　If you give her candy she's gonna be nice to you.

　　（キャンディーをあげれば彼女は君にやさしくしてくれる。）

　She won't be happy if you don't come back.

　　（君が戻ってこないと彼女の心は浮かれない。）

Session 6 You're Going to Lose That Girl / When I'm Sixty-Four | **95**

Exercise 6-3 音声を聞いて（　　）を埋めなさい。

（1）You know, （　　　）（　　　　）break my heart I'll go.

あのね，君に心をめちゃくちゃにされるなら僕は去るよ。

（2）（　　　）（　　　　）want me to, I will.

僕にそうしてほしいなら（僕は）する。

（3）I know I'll never be the same, （　　　）（　　　）（　　　）get her back again.

わかってる，僕はもう同じままではいられない，彼女を取り戻せなかったなら。

Listen

《You're Going to Lose That Girl》の 2 つめのヴァースを聞いてみよう。

If you don't treat her right, my friend,

you're gonna find her gone,

(You're gonna find her gone.)

'Cause I will treat her right and then

you'll be the lonely one.

(You're not the only one.)

★'Cause = Because：ここでは，前文の理由を述べており，「なぜって……」という日本語に相当。

★and then：そういうことになると

★you'll be the lonely one：さびしい思いをするのが君になる（the lonely one = the lonely person）

■find her gone

☆日本語では相手に向かって「彼女にいなくなられてしまうよ」と主語を省いていうのが普通だが，英語では主語の you の明記を必要とする。

　You を S に，事態を O にして，find（見いだす）という他動詞を使う。意味は「ある事態を君が見いだす」→「気がついたらこういう事態になっていた」。

☆〈事態〉の言い方（1）――「that 節」を使う。

S	V（動詞句）	O
You	'll find	that she is gone.
You	're gonna find	that she is gone.

＊that は if 同様，節をつくる接続詞。if が仮定の感覚（～かどうか）を添えるのに対し，that は断定感を添える。

＊構文が理解される限り，接続詞 that は省略してよい。

☆〈事態〉の言い方（2）――「ネクサス」を使う。

S	V	O
You	'll find	her gone.
You	're gonna find	her gone.

☆{her gone} 全体を find の対象（目的語）と考える。

☆her と gone とは，意味的に主語と補語の関係（← She is gone.）でつながっている。

☆{her gone} は意味的に主語・述語を備えているが，動詞（SVC の V に当たる部分）がないので「節」ではない。

☆{her gone} のような，主述関係を含む句を文法用語で「**ネクサス**

nexus」という。本教材では，ネクサスを明示するときに ｛ ｝ の記号を使う。

Syntax

■ネクサスをとる動詞の例

keep（ある状態／状況に保つ）

　　keep {you warm}　　　　｛君が―暖かい｝ように保つ

　　＊This jacket will keep you warm.

　　keep {you by my side}　｛君が―僕の側にいる｝ように保つ

　　　　　　　　　　　　　　→君を離さない

leave（ある状態／状況に放置する）

　　leave {me alone}　　　　｛僕が――人でいる｝ままにする，構わずにいる

　　leave {me waiting}　　　｛僕が―待っている｝状態に放置する，待たせる

make（ある状態／状況をつくる，～にする）

　　make {you happy}　　　　｛君―幸せ｝にする

　　make {her mine}　　　　　｛彼女―僕のもの｝にする

■補語と副詞

☆ "find her gone" の gone は，上述したように，彼女の状況（行方）を述べる。このとき her と gone とは，文で示せば She is gone. となる関係にある。つまり find her gone の gone は her に対する補語。

☆A is B という意味関係をなすとき，「主語」A に対して B に当たる部分を「補語」と呼び，C で略記する。

＊ "treat her right" の right は her の補語ではなく（She is right. という

含意はない），動詞 treat を修飾する副詞。

☆副詞は S-V の V を修飾する

I'll leave you alone.（alone は you の補語）

I'll leave here early.（early は leave を修飾する副詞）

Exercise 6-4　下線部の語が副詞なのか補語なのか見分けなさい。

（1）Hold me <u>tight</u>.　　　きつく捕まえて／抱いて

（2）Though tonight she's made me <u>sad</u>, I still love her.

今夜彼女は僕を悲しくさせたけど，彼女を今も愛してるんだ。

（3）Why did you not treat me <u>right</u>?

どうして僕をちゃんと処遇してくれなかったんだ？（＝ひどい扱いをしたんだ？）

■副詞節と名詞節

◎「節 clause」とは？

☆それ自体「文 sentence」の資格を持ちながら，より大きな sentence の一部をなすものを「節 clause」と呼ぶ。

☆節は，that, if, when, while, because その他多数の「接続詞」に導かれることが多い。

☆ここで挙げた「副詞節」と「名詞節」の他に「関係節」がある。関係節については p.203，および巻頭の「英語文の成り立ち」の clause の項（p.13）参照。

Session 6　You're Going to Lose That Girl / When I'm Sixty-Four　|　**99**

□名詞節

S−V−O 構造の O（S-V-O-O の場合は 2 つめの O）の位置に名詞としておさまる節

S	V	O（誰に）	O（どんなことを）
I	don't know		**when** I'll be back again. いつ戻ってくることになるのか
She	says		(**that**) she loves you. 君を愛していると
	Tell	me	**why** you cried. なぜ君は泣いたのか
I	'll ask	her	**if** she comes. 彼女が来るかどうか

□副詞節

☆主文に対し，条件（if）や日時（when），理由（because）などを提示する。

　　If she comes, we'll have a party.

　　　もし彼女が来るなら，パーティをしよう。

　　We'll have a party **because** it'll be fun.

　　　パーティをするよ，楽しいだろうから。

　　Will you still need me **when** I'm sixty-four?

　　　僕が 64 になったときにも，まだ必要としてくれるかい？

Challenge

when と if のついた節を意識して聞きましょう。

《When I'm Sixty-Four》

Sgt. Pepper's Lonely Hearts Club Band, 1967

Lead Vocal: Paul McCartney

When I get older, losing my hair,

Many years from now,

Will you still be sending me a Valentine,

Birthday greetings, bottle of wine?

If I'd been out till quarter to three,

Would you lock the door?

Will you still need me, will you still feed me,

When I'm sixty-four?

■words & phrases

get older：年齢を重ねる（older は old の比較級）

lose my hair：頭髪を失う（losing は lose の現在分詞）

many years from now：今から何年も先（副詞句）

will be sending：will send の進行形（将来において，その行動が繰り返されることを示す）

send me a valentine：僕にバレンタイン・カード（またはギフト）を送る

birthday greetings, bottle of wine：バースデイのお祝いやボトルワイン

If I'd been out：もしも僕が外出したままだったら

　　I'd ＝ I had。ここは「もしも」という仮定の気持ちが入っているため
　　I have been が I had been に変わった（→ Session 13）。

till quarter to three：3 時 15 分前まで，～になっても

Would you . . . ?：相手の意向を聞いたり，依頼をしたりする文型。

lock the door：ドアをロックする

still need me：まだ（依然として）僕を必要とする

feed me：僕にご飯を食べさせる

when I'm sixty-four：僕が 64 になったとき（なっても）

■ 「when 節」の時制

☆ 「when 節」の中に，過去のこと，現在のこと，未来のこと，すべて
　を収めることができる。

（1）I was a tall boy when I was little.

　　（過去）幼い頃私は背が高い子だった。

（2）Lock the door when you go out.

　　（いつでも）外出時にはドアをロックして。

（3）Will you still need me when I'm sixty-four?

　　（未来）僕が 64 歳になってもまだ必要としてくれる？

（4）Bring a bottle of wine when you come next time.

　　（未来）今度来るとき，ワイン一瓶持ってきて。

☆ （3）（4）のように when 節の中で未来を語るときも will を用いず，
　when 節内の動詞は現在形の am や come になる。

when 節と will の関係

　なぜこのように「時を表す副詞節」の中では will を使わないのか，については，たとえば（4）の場合，もしも will を使うと「今度来ようとするとき」または「来るだろうとき」の意味になってしまうから，と考えるとわかりやすいでしょう。「あなたが（実際に，事実として）来るとき」と言うのなら，事実を表す形＝直説法現在形を使って when you come が正しい言い方となります。

＊一方，次の文は現在の話者から見た今後のことに関する内容を述べているので will be を使う（未来の状況を仮定しているのではなく，将来確実に実現することを述べている）。

　　When will you be sixty-four?　いつ 64 歳になるんですか？

　× When are you sixty-four?

　　（いま現実として 64 歳ではないので，are は使えない。）

＊are は「〜である」，will be は「〜に（今後）なる」，という意味の別の動詞だと考える方がわかりやすい。

ビートルズとコメディアン

　ビートルズ？一過性のあぶくみたいな，くだらないガキどもの熱狂だろう？——。1966 年に彼らが来日して武道館公演を行ったとき，日本の識者たちは苦々しくそのようにもらしつつ，基本的には彼らの存在を歯牙にもかけませんでした。さすがに 1970 年に解散したときには，そろそろそれなりに真面目に彼らを取り上げて議論しようかという機運もでてきたか，くらいのものだったのですが，それからずいぶん時は流れ，2020 年代の今，ポピュラー音楽界ではボブ・ディランと並び，ビートルズは日本の内外を問わず，たとえば大学で欧米文学・文化を学ぶ者などにとって，ことによるとシェイクスピアと変わらないほどの権威をその身に帯びるようになりました。時代は，たしかに変わったのです。

　しかし，彼らの音楽を考えるとき，やはりこれもシェイクスピアの劇ともどこか通じる意味で，むしろ上述の「一過性のあぶく」的な要素の一つとも言える「ドタバタ喜劇」的なるものへの志向は外せません。2023 年に＜ビートルズ最後のシングル＞として鳴り物入りで発売された "Now and Then" に関し，このことがよくあてはまるように思った方も少なくなかったのではないでしょうか。ミュージックビデオの作り方が，ジョンの「そういうところ」を強調するものになっていたからです。

　1967 年に華々しく登場した *Sgt. Pepper's Lonely Hearts Club Band*（Session 6 で取り上げている "When I'm Sixty-Four" も収録曲の一つです）はよく「ポピュラー音楽界の最高峰アルバム」などと言われますが，そもそもこの「ペパーズ軍曹」とはいったい誰な

のか，単に「ふざけているだけ」なのではないか……ポールはこの
アルバムのコンセプトを「リヴァプールでの子供時代の風景」であ
ると言っていますが，そもそも4人の姿はしばしば，大人の厳粛な
倫理を茶化し，笑いのめし，脱臼させるパワーを炸裂させます。た
しかに〈カッコいいロックバンド〉には違いないのですが，そのよ
うな言い方には収まらない，どこか一種コメディアンのような，あ
るいは舞台芸人の雰囲気とでも言った方がよいような部分がありま
す。彼らのお気に入りだったイギリスの人気ナンセンス・コメディ
番組に『ザ・グーン・ショー』というラジオ番組があり，ざれ歌や
コントで若い彼らを抱腹絶倒させたものでしたが，ビートルズは，
同時代の他のロックバンドよりも，ことによるとむしろそのグーン
ズ，あるいは彼らと同時代のコメディグループのモンティ・パイソ
ンなどの方に似ている，と言った方がよい部分があるのです。日本
の例で言ってみれば，ザ・タイガースでもはっぴいえんどでもYMO
でもRCサクセションでもなく，あえて言えば，むしろあの『8時だ
よ！全員集合』のザ・ドリフターズにこそ近いのではないか，とい
うわけです。武道館公演での前座を務めたグループの一つがまさに
そのザ・ドリフターズだったことにもそれなりのワケがあったのだ，
と言うべきでしょう。〈N〉

105

Session 7 Norwegian Wood

——ある一夜の物語——

インド楽器シタールを組み込んだこの曲は，ドレミファソ……ともラシドレ
ミ……とも違う，不思議な音階で歌われます。女の部屋に行って過ごした，
取り立てていうことのない一夜。クールなジョンが書きつけた歌詞には，し
かし，学習項目が満載です。

ポイント ◎動詞の過去形　　　　　◎〈誰に〉〈何を〉～する
　　　　　◎ There is / There are 　◎ SVO に続く〈to 不定詞〉
　　　　　◎〈to 不定詞〉の副詞的／名詞的／形容的用法

■words & phrases

Norwegian wood：壁に貼るパインウッドのパネリングの呼称（ポール
　の説明による）

has flown：飛び去ってしまった。
　＊今回引用していない部分に This bird has flown. という歌詞があり，
　　それが副題になっている。

once had：かつて（一度）持った（手にした）

or should I say . . .：というより～と言うべきか（should は「～すべき」
　の意味を加える助動詞）

showed me her room：俺に彼女の部屋を見せた

Isn't it . . .?：～じゃないか？（同意を求める文）

asked me to stay：とどまるよう頼んだ（帰らないでと言った）

told me to . . .：～するように言った（told は tell の過去形）

《Norwegian Wood (This Bird Has Flown)》

Rubber Soul, 1965

Lead vocal: John Lennon

I once had a girl,
Or should I say,
She once had me.
She showed me her room.
Isn't it good
Norwegian wood?

She asked me to stay and she told me to sit anywhere,
So I looked around and I noticed there wasn't a chair.

I sat on a rug,
Biding my time,
Drinking her wine.
We talked until two,
And then she said,
It's time for bed.

Session 7　Norwegian Wood　| **107**

sit anywhere：どこでもいいから座る

looked around：見回した

noticed：気がついた

there wasn't a . . .：〜が一つもない（ことに）

sat on a rug：ラグ（敷物）の上に座った（座っていた）

biding my time：静かに好機を待ちながら

talked until two：2時まで話した

time for bed：寝る時間

Useful Expressions

★Isn't it?

「〜ではありませんか」と，相手の同意を求める疑問形。

　　Isn't it good?　　　　　　　　　　いいですよね。

あるセンテンスを終えた後で，付加的につけることも多い。

　　This is wonderful, isn't it?　　　これ，すばらしいですよね。

　　You had a good time, didn't you?　楽しんでらしたんでしょ？

★It's time for N

「〜すべき時，〜の頃合いです」と言うとき，

It's time for N / It's time to V.

　　It's time for lunch. Where do you want to eat?

　　　　　　　　　　　　　　　　　　お昼の時間よ。どこで食べたい？

　　It's time to go to bed.　　　　　もう寝る時間です。

　　It's time for me to go.　　　　　もう私，行く時間です。

Let's Sing

■スローな強弱弱

☆［強弱弱］の拍が延々と続く，8分の12拍子——

♪　♪　♪　　♪　♪　♪　　♪　♪　♪　　♪　♪　♪

I　　　　　once had　a　⇐ girl,　　　or should ⇐ I

say,　　　she once had　me.

She　　　showed me her　room.　　　 I-　sn't　it

good　　　Nor- we-　gian　wood?

Verb Analysis

■動詞の過去形

☆日本語では動詞の連用形に助動詞 ta をつける。

    taberu　　　　tabe -ta

    kaku　　　　　ka'i -ta

☆英語では，一般に語尾に［d］か［t］の音を加えて，過去形とする。

    ［d］show　　　showed

        open　　　opened

    ［t］ask　　　　asked

        look　　　looked

        notice　　　noticed

＊cooked を「クックド」と表記するのは，英語的には誤り。

☆日常頻繁に用いられる基本動詞には不規則活用するものが多い。この
　歌の歌詞の中だけでも——

現在形	過去形	現在形	過去形
have	had	isn't	wasn't
sit	sat	say	said
tell	told	drink	drank

その他の主な不規則動詞

現在形	過去形	現在形	過去形
do	did	give	gave
make	made	get	got
take	took	go	went
am, is	was	are	were

Exercise 7-1　それぞれの文を過去の時制で言ってみよう。

【「時制の一致」については p.113 を参照】

(1) I want to hold your hand.

＊「to 不定詞」は，時制に影響されず，原形のままとどまる。

＊ [t] と [d] で終わる動詞に -ed をつけると，発音は [ɪd] または [əd]。

wanted　　　blended　　　attended

(2) She says she loves you.

(3) I'm so tired, I don't want to walk any more.

あまりに疲れたので，これ以上歩きたくない。

■対人行為の動詞（与える，送る，買う，見せる，など）

【巻頭の「英語文の成り立ち」p.10 ❷参照】

110

☆動詞の直後に「対する人」を，その後に「対する物」を置く

V	O（誰に）	O（何を）
showed	me	her room
見せた	僕に	彼女の部屋を
buy	you	a diamond ring
買う	君に	ダイヤの指輪を
get	you	anything
手に入れる	君のために	何でも

☆同じ内容を，次のように言うこともできる。

showed her room to me; buy a diamond ring for you;

get anything for you

Exercise 7-2　英語で言いなさい。

(1) 僕にもっと（more）くれよ。ヘイヘイ，もっとくれ。

Give（　　　）（　　　）. Hey, hey, hey, give（　　　）（　　　）.

(2) 私のスープ（soup）はすべて彼女にあげている。

I give（　　　）all my（　　　）.

(3) お金は僕に愛を買い与えることができない。

Money can't buy（　　　）（　　　）.

■対人要求の動詞

V（要求）	O（誰に）	to 不定詞（～するように）
asked	me	to stay
told	me	to sit anywhere

☆頼んだり，命じたり，望んだりする行為は，その時点では実現してい

Session 7　Norwegian Wood　|　**111**

ない。これからのことに対しては，to stay の形が使われる。

☆〈to ＋動詞原形〉の形は，文法用語で〈to 不定詞〉（'to'-infinitive）と
　呼ばれる。

☆現在分詞 staying が「進行」の意味を持つとすれば，to stay は「未然」
　の意味を添える。動詞 ask や tell は「これからのこと」を他人に要求
　する。

Exercise 7-3　英語で言いなさい。

(1) 君が行く前に，そのことについて知っておいてほしい。
　　Before you go, I want you （　　　）（　　　）about it.

(2) 僕のものになって（be mine）くれと僕が言うと，君も僕を愛して
　　ると言うだろう。
　　And when I ask you （　　　）（　　　）mine, you're gonna say
　　you love me, too.

Syntax

■V-〈where〉, V-〈when〉

☆対象（目的語）が後続しない動詞（自動詞）も，〈where〉や〈when〉
　の情報と連結する。【「自動詞」の詳細は p.135 を参照】

☆「いつ」や「どこ」は文中で副詞句をなす（動詞を修飾）。

V	adv	
sat	on a rug	敷物の上に座った
talked	until two	2 時まで話した
to sit	anywhere	どこでもいいから座る

■補語でつなげる

☆進行形（S-be-Ving）の文の主語と be 動詞を割愛し，一つの文にまとめることができる。

I sat on a rug. I was biding my time and I was drinking her wine.

→ I sat on a rug, biding my time, drinking her wine.

☆一般に ［S be C］ の ［S-be］ を落として，文を圧縮する方法はよく見られる。

The mouse dashed into the hole, ~~it was~~ surprised to see me.

　　ネズミは私を見て驚いて穴に駆け込んだ。

I went back to bed, ~~I was~~ happy that the mouse was gone.

　　ネズミが行ってしまったことに満足して私はベッドに戻った。

■There is / are 〜 ［There was / were 〜］

☆「〜がある」と言うときには，There is / are で文を始め，主語を後置する。is / are は主語の単複に合わせる。

I noticed there wasn't a chair.

　　椅子ひとつないことに，俺は気がついた。

There are places I'll remember.

　　思い起こすことになる（忘れ難い）場所がある。

Once there was a way to get back homeward.

　　かつて故郷の方へ戻る道があった。

Exercise 7-4　（　　）の中に is か are か，どちらか適切な方を入れなさい。

（1）There（　　　　）bells on a hill, but I never hear them ringing.

　　丘の上に鐘が（いくつも）あるが，鳴るのを聞くことはない。

(2) When the night is cloudy, there （　　　　　） still a firebug to fly for me.

夜が曇っているときも，なお僕のために飛んでいる（一匹の）ホタルがいる。

(3) Hey, Mom, please look and see. （　　　　　） there some rice in the cooker for me?

ねえ，お母さん，よく見てよ。炊飯器の中に私のご飯はあるの？

Listen

《Norwegian Wood》の２つめのコーラスを聞いてみよう。

She told me she worked in the morning and started to laugh,
I told her I didn't and crawled off to sleep in the bath.

＊crawl(ed) off：這ってそこを去る

Exercise 7-5　今聞いたコーラスの歌詞中，テンス（過去か現在かの印）のついている動詞／助動詞にすべて（6個）下線を引きなさい。

■時制の一致

☆過去形の語りの中では，テンス（時制の印）のつく動詞はすべて過去形になる。

　She **told** me she **worked** in the morning.

＊この worked を「働いた」と訳したら誤解を与える。なぜなら彼女は "I work in the morning."（私は朝仕事がある）と言ったのだから。

☆文の時制を移行すると，基本的にすべての節でテンスが動く。

I think you will like it.　→　I thought you would like it.

それ，気に入ると思うわ。　　気に入るかと思ったのに。

＊would は will の過去形。

Exercise 7-6　She told me she worked in the morning. I told her I didn't.

　　　　　と，ジョンは歌っているが，歌の世界で，どんな会話が

　　　　　行われたのか，想像してみよう。

彼女　："（　　　　）（　　　　　　）in the morning. Do you?"

歌い手："No,（　　　　）（　　　　　　）."

■助動詞 do の代用用法

☆同じ動詞を繰り返さずに，助動詞 do で代用することができる。

＊"I work in the morning." と言われて，自分は朝は働かない，と返すとき，"I don't work in the morning." と言う代わりに，単に "I don't." と言えばすむ。助動詞 do には，be 動詞以外のすべての動詞の代わりを務める働きがある。

I work in the morning. Yes, I do.

　私，朝仕事があるの。そうですとも。

You don't work, do you?　——　No, I **don't**.

　あなたは仕事しないんでしょ？　ああ，しないよ。

I told her I **didn't**.

　俺は彼女にしないと言った。

Session 7 Norwegian Wood | **115**

■不定詞（to V）の多機能ぶり

☆動詞と連結する（動詞の対象 N となる）

    She started **to laugh**.　　　　彼女は**笑い**始めた。

    I want **to hear** from him.　　　彼からの便りがほしい。

☆動詞と動詞をつなげる（主文からある程度独立した副詞句を作る）

	S	V	adv
①	I	crawled off	to sleep in the bath.
	俺は	這っていって	→バスタブで眠った

＊この文は「バスタブで眠るために這っていった」とも訳せる。

②	I	looked around	to see if there was a chair.
	俺は	見回した	→椅子があるかどうか見定めようと

☆名詞句として主語にも補語にもなる。

N	be	N
To know her	is	**to love her**.

彼女を知る（こと）は彼女を愛する（こと）。

☆形容詞句もつくる。

I have	a lot of things	to do.
	たくさんの事	←するべき
There are	many places	to go.
	多くの場所	←行くべき

Exercise 7-7 それぞれの〈to 不定詞〉の品詞は，N，A，adv のうちどれか。

(1) I found something <u>to eat</u>. 　　何か食べるものが見つかった。

(2) <u>To eat every day</u> was not easy. 　毎日食べるのは容易ではなかった。

(3) <u>To live</u>, we must eat. 　　　　生きるためには食べねばならない。

Rubber Soul 革命

　1965 年 12 月にアルバム *Rubber Soul* が出たとき，リスナーはまさにあっ！と驚きました。ジャケットを見比べてみてもわかることと思いますが，その直前のアルバムまでの，つまり純白の背景にかわいらしい青のスノーコートを着て手旗信号風に 4 名それぞれにポーズを決めている 4 人をあしらった *Help!* までの 5 枚のアルバムに共通する，いかにもティーンエイジャーのアイドル風のイメージとはうってかわって，この *Rubber Soul* は，なんともダークな，「まがまがしい」とさえ言えるものでした。深い陰影と歪みが，突然のように前面に出てきているのです。

　その「陰影と歪み」の印象を最も典型的かつ強烈に伝えていたのが，ここで学習している "Norwegian Wood" です。いったい彼らに何が起こったのでしょう？　音階もそうですし，曲構成，使われている楽器のアレンジメント，歌詞のイメージ，その象徴性も含め，さりげない形ではありますが，すべてが大きな飛躍を示しています。いわばこの一曲から，彼らはそれまでのようなアイドルとしてのあり方を完全に脱皮し，ひげをたくわえて＜世界の真実＞を見つめる 20 世紀最高の芸術家集団へと転身を遂げていくのです。

もちろん，ビートルズは当時すでにポピュラー音楽の世界ではまさに向かうところほぼ敵なしのスーパースターだったわけですが，実はまったく同時代に，リーダー格のジョン・レノンを含めておそらく彼らが唯一，同じ業界内に，この人物だけには自分たち全員が束になってかかっても歯が立たない，と思っていたに違いない存在がいたのでした。米国のフォーク・ソング界の貴公子と言われたボブ・ディランです。この人がいなければ，ビートルズは決して我々の知るビートルズにはなりえなかったと思いますし，おそらくそれは同じようにディランにも言えたことだろうと思います。

"Norwegian Wood" のリズム，抑揚の少ない歌唱方法，東洋的世界観への関心を含め，この曲にはディランからの影響が表層のレベルを踏み抜いたかたちで濃厚に見られます。ただ，それは見事な換骨奪胎と言うべきですし，だからこそ，ディランにとってもまたビートルズは，まさに好敵手と呼ぶにふさわしい存在だったのでした。ディランがデビュー当時から一貫してポピュラー音楽の中に切り開いてみせた深い歴史観，精神世界の広がりはビートルズを驚愕させるに十分でしたが，ディランの 65 年以降の最高傑作群にもまた，ビートルズからの深い影響が見られるのです。興味のある方は，*Rubber Soul* と同じ 1965 年に出たディランの 2 枚のアルバム，*Bringing It All Back Home, Highway 61 Revisited* をぜひ聞いてみてください。〈*N*〉

Session	I'll Follow the Sun /
8	The Long and Winding Road

——太陽と時制を追いかけて——

英語では動詞を使うたびに「時」との関係を明確にしなくてはなりません。今回は，別れからの再出発を歌うポールのメロディアスな一曲を聞き込みながら，「これからのこと」や「すでに起こったこと」を英語ではどのように表現するのか，胸にしみ込ませていきましょう。

ポイント ◎助動詞による主観表現 may, must, will, can, should

◎２つの時制　　　　　◎時の３態

◎時を超える事柄　　　◎関係代名詞（that, who）

■words & phrases

one day：ある日，いつか

look to see：見て知る（look は動作，see は認知）

for：（文や節の頭で）というのも，だって

tomorrow may rain：明日は雨を降らせるかもしれない

I'll follow the sun：僕は太陽を追いかける（意志の表現）

know I was the one：僕こそがその人（意中の男）だったとわかる

the time has come：その時が来た

I must go：私は行かなくてはならない

though：（文や節の頭で）〜だけれども

lose a friend：友を失う

in the end：最後には

《I'll Follow the Sun》

Beatles for Sale, 1964
Lead vocal: Paul McCartney

One day you'll look
To see I've gone,
For tomorrow may rain, so
I'll follow the sun.

Someday, you'll know
I was the one,
But tomorrow may rain, so
I'll follow the sun.

And now the time has come
And so my love I must go.
And though I lose a friend,
In the end you will know, oh.

One day you'll find
That I have gone,
But tomorrow may rain, so
I'll follow the sun.

Pronunciation

■R の音／L の音

[r] tomo**rr**ow, **r**ain   [l] I'**ll**, fo**ll**ow

tomorrow may rain so   I'll follow the sun

＊では音楽に合わせて──

Verb Analysis

■助動詞 will, may, must

☆動詞の現在形は一般に「客観的・習慣的な事実」を示す。

The earth goes around the sun.	地球は太陽のまわりを回る。
I never eat breakfast.	私は朝食を食べることはない。

☆主観（自分の意志や判断）を交える場合，いくつかの助動詞が活躍。

will（意志・未来推量）〜しよう，〜だろう

I'll follow the sun.	僕は太陽についていこう。
In the end you will know.	最後に君は知るだろう。

may（当て推量）たぶん〜かもしれない

We may get sick.	私たち，病気になるかもれない。
A hard rain may fall.	激しい雨が降るかもしれない。

must（事態の確定，推定）きっと〜に違いない

（行動の義務）〜しないといけない

I must go now.	もう行かなくちゃ。
He must be home now.	彼はもう家にいるはずだ。

☆**may not** は「〜でないかもしれない」

Tomorrow may not come.	明日は来ないかもしれない。

☆**must not**（mustn't [mʌ́snt]）は「してはならない」「ありえない」

We mustn't sit here.	ここに座ってはいけない。

Session 8 I'll Follow the Sun / The Long and Winding Road | **121**

Exercise 8-1 may か will か must のうち適正なものを入れて言ってみ
ましょう。

(1) I (　　　) not have a lot to give, but I (　　　) give you
what I have.

あげられる物はあまり持っていないかもしれないけど，持ってる物はあげるよ。

(2) You (　　　) believe in Doctor Robert.

ドクター・ロバートを信じないといけない。

(3) You (　　　) be tired. If you aren't, you (　　　) be.

きっとお疲れでしょう。今は疲れてなくても，これから疲れが出ますよ。

(4) In the end you (　　　) know.

結局はわかってくれるだろう。

〇他にこれらの助動詞もチェックしておきたい。

can't できない，ありえない

You can't do that.　　　　　君にそれはできない（能力が足りない）／

それをしてはだめだ（それは許されない）

Money can't buy love.　　　お金では愛を買えない。

That can't be bad.　　　　　悪くありえない。＝いいに決まっている。

should（当然）〜すべき

You should be glad.　　　　うれしい状態であるべきだ。

＝うれしく思わないのは変だ。

■時の3態：未然，進行，完了

☆人の行動，事の推移を始め，動詞が表す事象は〈時間〉の中で起こる
ことがほとんど。

☆人間の意識は，時の流れを3つの様態に分けて考える。英語の動詞は，

その３態に応じて形を変える。

　　　まだこれから　→　今進行中　→　すでに完了

☆その３態は，次のような形をとる。

原形	go	do	be	have	lose
to 不定詞（未然）	to go	to do	to be	to have	to lose
現在分詞（進行）	going	doing	being	having	losing
過去分詞（完了）	gone	done	been	had	lost

＊現在分詞はすべて語末に -ing がつく。

＊過去分詞は不規則ながら，一般に ［n］や［d］または［t］の音で終
　わる。

＊「不定詞」の「不定」とは，人称や時制によって定められず，いつも
　同じ形をしている，という意味。

＊to のつく不定詞を「to 不定詞」，to をつけずに使う不定詞を「原形不
　定詞」という。

＊助動詞やいくつかの動詞（let, make など）の後には，原形不定詞が
　くる。

　　　You can't go.　　　Let me go.

■完了したこと＝ have ＋過去分詞

☆行為や出来事「～し終わった」「済んだ」「起こってしまった」という
　完了の気持ちを have ＋過去分詞で表す。

☆have ＋過去分詞の原意は「完了した状態を有している」「（主語にと
　って）現在，あることが完了している」。

＊助動詞として使われる have も，動詞本来の意味（所有のイメージ）

Session 8　I'll Follow the Sun / The Long and Winding Road　│　**123**

を失ってしまったわけではない。

You have —— a pen.	君（に）ある ―― ペン（が）
You have lost —— a pen.	君（は）なくしてしまった ―― ペン（を）
You have —— lost a pen.	君（に）ある ―― ペンをなくした（という 事態が）

S	V		O	
	助動詞	本動詞		
I	will	lose	a friend.	友達を失うだろう。
I	am	losing	a friend.	失いつつある。
I	have	lost	a friend.	友達を失ってしまった。
I	'll	follow	the sun.	太陽を追いかけよう。
I	've	followed	the sun.	太陽はすでに追いかけた。

☆「現在完了」は現在時制。現在の状況を述べる。

The time has come.　　　　その時が来た。＝今こそその時だ。

I've done my homework.　　宿題はもうやった。＝今では済んでいる。

You have changed your mind.

　君は心変わりしてしまった。＝心変わりした君が（今ここに）いる。

☆対して単純な過去形は，過去時制で，その行為が現在ではなく過去に 起きたことを示す。

Aren't you going to kill Bungalow Bill?

　あなた，バンガロー・ビルを殺すんじゃないの？

I **did**.（I already killed him.）

　殺したよ（←これからじゃない，もうやった）

Do you think you are losing a friend?

友達を一人失いつつあると思ってる？

I think I **have** (lost her).　　　もう失ってしまったと思う。

■時制と時態

☆時制（テンス）は，現在と過去の２つがある。すべての平叙文／疑
　問文は現在か過去か，どちらかの時制に属する。

☆「時態」とは本教材の用語で，次の３態を基本とする。

　未然＝まだされていない状態　things to do　　これからやるべきこと

　進行＝今まさに，の状態　　　things I'm doing　今やっていること

　完了＝もう済んだ状態　　　　things I've done　やり終えたこと

★現在時制における時の３態

　未然：I have to do it.

　　　　それをしなくてはならない。（それが，これからすることとして，ある）

　　　　I am going to do it.（私は向かっている，それをするところへ）

　進行：I am doing it.

　　　　（今）それをしているところだ。

　完了：I have done it.

　　　　それをし終えた。（それが，済んだこととして，私のもとにある）

「未来」は時制？

　時制を〈現在〉と〈過去〉の２つに限定する考え方はいささか斬新すぎるかもしれないので，しつこいようですが，英語という言語に内在する〈時〉の問題に少し深入りしてみましょう。

　多くの文法書では，will を「未来時制」をつくる文法機能を担う助動詞と考え，「未来進行形」will be doing や「未来完了形」will have done や，さらには「未来完了進行形」will have been doing など，たくさんの「時制」を説明しています。しかし，will の代わりに may や must を用いても，未来の事柄に対する判断を示している点は同じです。

　伝統的な英文法学習で will が「未来時制」をつくる助動詞として特別視されたことには，歴史的な経緯があります。が，過去の事情はともかく，英語の実態をよく見れば，will 自体を含め，時制は２つしかないことは明白です。

現在時制	過去時制
will	would
can	could
have	had

　話は単純——その単純さを保持しながら，英語の形態に寄り添った，英語本来の〈時〉の扱いを，より細やかに検討していきたいと思います。

Exercise 8-2 空欄を埋めて，表を完成させなさい。

	現在時制（会話のモード）	過去時制（語りのモード）
未然	I have to dance. I'm going to dance.	(1) I (　　　) to dance. 　私は踊らなければならなかった。 (2) I (　　　) going to dance. 　私は踊ろうとしていた。
進行	I'm dancing.	(3) I (　　　) dancing. 　私は踊っていた。
完了	I have danced.	(4) I (　　　) danced. 　私はすでに踊り終えていた。

■不変的な事実の表現

☆動詞（する系）の「現在形」は，上記の3態のどこにも属さない。

☆「現在形」は「現在」というよりむしろ，客観的・習慣的事実を示す
　もので，時に縛られない事柄を述べる。

　　2 times 7 equals 14.　　　　7の2倍は14に等しい。

　　（主語は「2 times 7」。これは1つの観念なので，単数扱い）

　　A cheetah runs fast.　　　　チーターは速く走る。

　　I walk five miles to school.

　　　　私は（どんな日も）学校まで5マイル歩くんです。

☆現在形で"現在の状態"を表す動詞もある。

　　She's a woman now.　　　　彼女はもう大人の女性である。

　　I love her.　　　　　　　　彼女を愛してる。

　　You know it.　　　　　　　知ってるよね。

Listen

動詞の形に注意して聞きましょう。

《The Long and Winding Road》

Let It Be, 1970
Solo vocal: Paul McCartney

The long and winding road
That leads to your door
Will never disappear.
I've seen that road before.
It always leads me here —
Lead me to your door.

（　中略　）

Many times I've been alone,
And many times I've cried.
Anyway, you'll never know
The many ways I've tried.

（　中略　）

But still they lead me back,
To the long, winding road.
You left me standing here
A long, long time ago.
Don't keep me waiting here —
Lead me to your door.

128

■words & phrases

long and winding road：長く曲がりくねった道

lead to . . . ：〜へつながる

never disappear：決して消えない

lead me here：僕をここへ導く，（道をたどると）ここに出る

many times：何度も（「多い回数」の副詞表現）

be alone：ひとりだ

cried：ここでは cry の過去分詞。

the many ways I've tried：僕が試みてきた多くのやり方

still：それでも

they lead me back to . . . ：結局は僕を〜に戻す

left me standing：ここに立つ僕を残して行ってしまった（left は leave の過去形）

a long time ago：ずっと前に

keep me waiting：待つ状態にとどめておく，待たせたままにしておく

Exercise 8-3 《The Long and Winding Road》の詞の下線部のうち，動詞が完了の形になっているところにチェックを入れ，その完了の意味合いを汲みなさい。

同じく，歌詞の動詞が命令法であるところはどこか。3カ所あります。

■活発な動詞の活用

命令法　Don't keep me. Lead me.

直説法

　○現在形　leads to your door

Session 8　I'll Follow the Sun / The Long and Winding Road　│　**129**

○助動詞＋原形　will never disappear; you'll never know
○進行形　me standing, me waiting
○完了形　I've been alone; I've cried; I've tried

■「経験したことがある」──現在完了の含意
☆have ＋過去分詞（つまり済んだことの所有）は「その経験がある」
　という意味を帯びる。直訳は「（私には）〜たことがある」。

I've seen that road before.	その道は以前に見た（ことがある）。
I've been alone many times.	何度も一人になった（ことがある）。
I've cried many times.	何度も泣いた（ことがある）よ。
I've tried many ways.	いろんな方法を試してみた（ことがある）。

■keep と leave【Session 6 p.97 参照】
☆keep は「ある状態をキープ」する，leave は「ある状態に放っておく」
　ということ。その状態を動詞の進行形で表現することも多い。

S	V	{〜を	〜の状態に}	
	Leave	me	alone.	放っておいて。
	Keep	your dog	off the floor.	
		あなたの犬を床の外にキープして＝床の上にあげないで。		
You	left	me	standing here.	
		君は{僕がここに立っている状態}に放置した。		
	Don't keep	me	waiting here.	
		{僕がここで君を待ち続ける状態}に留め置かないでくれ。		

130

Exercise 8-4　次の意味になる英文を，leave か keep を入れて言って
　　　　　　　　みましょう。

(1) オー・ベイブ，僕を絶対一人にするなよ。

　　Oh, Babe, don't ever（　　　　　）me alone.

(2) 今いるところに放っておいて。僕は眠っているだけだよ。

　　（　　　　　）me where I am. I'm only sleeping.

(3) 僕には君を抱いて満足状態にしてあげられる腕がある。

　　I have arms to hold you and（　　　　　）you satisfied.

■「君のドアに続く道」──英語の「連体」接続

☆日本語は，名詞につながる語を「連体形」にすることで，修飾節にす
　ることが可能。

　　昨日は美しかった ─ 花

☆英語では，まず名詞を言ってから，その名詞を代名詞 that で繰り返
　したうえで，その that を S や O にした節をつくる。

　　a flower that was beautiful yesterday

N	that を主語とする節
the road	that leads to your door
道	← 君のドアへ続く

N	that を対象とする節
the road	that we've walked before
道	← 我々が前に歩いた
	(We've walked the road before.
	我々は以前その道を歩いた。)

Session 8　I'll Follow the Sun / The Long and Winding Road　│　**131**

☆この that は「節を名詞につなぐ代名詞」。その意味で，「関係代名詞」
　と呼ばれる。

☆人間の場合，that より who で受ける方が常識的。

	N ——— [s	v	o]
She's not	a girl	**who** misses	a meal.
彼女は，じゃない	女の子	食事を逃す（ような）	

☆節の動詞の対象となる関係代名詞は省略可。

　the ball that we hit ＝ the ball we hit

　私たちが打ったボール

☆一方，節の主語となる that や who は省略できない。

　the ball that hit me

　私にぶつかったボール

Session 9 No Reply

──ジョンの嫉妬表現──

愛する人に置き去りにされた気持ちを切々と歌い上げるポールの歌に続いて，激しい感情を露わにするジョンの歌から。恋人に邪険にされた男の胸の内には，カラフルな英語表現が詰まっています。ネガティブな感情は，学習項目の宝庫だといえるでしょう。

ポイント ◎自動詞とは ◎副詞とは
◎知覚動詞とネクサス ◎事実に反する法
◎助動詞 would ◎「もっと」の表現

■歌詞の意味

自分の身に起こったことが，過去形で語られる。しかし一人称の語り手はいま私たちの前にいる。

This happened：これが起こった。（This の内容は次の行の no reply ──すなわち「無視された」こと）

when I came to your door：君の家の戸口に僕が着いたとき

They said it wasn't you：（見えた姿が）君ではないと人に言われた。（they は「周りの人」，不特定な誰か）

I saw you peep：君が覗くのが見えた

through your window：君の（部屋の）窓越しに

looked up to see ～：見上げたら～が見えた

tried to telephone：電話しようとした（telephone は動詞）

where you've been：君がどこにいたか（名詞節）

《No Reply》

Beatles for Sale, 1964

Lead vocal by John, with harmony from Paul and George

This happened once before,
When I came to your door — no reply.
They said it wasn't you,
But I saw you peep through your window.

I saw the light, I saw the light.
I know that you saw me,
'Cause I looked up to see your face.

I tried to telephone,
They said you were not home — that's a lie.
'Cause I know where you've been,
I saw you walk in your door.

I nearly died, I nearly died,
'Cause you walked hand in hand
With another man in my place.

saw you walk in：歩いて入っていくのが見えた

nearly died：もう少しで死にそうだった

hand in hand：手に手を取って

with another man：誰か他の男と

in my place：僕の代わりに

Rhythm and rhyme

☆この曲は［弱弱強］の３音節，［弱弱弱強］の４音節の並びをリズム
  の基本にしている。

（タ）	タ	タ	**タン**
	No	rep-	**ly**.
	That's	a	**lie**.
I	saw	the	**light**.
I	near	-ly	**died**.

☆ヴァースには［弱｜強弱弱弱｜強］の６音節が並ぶ。

タ	**タ**	タ	タ	タ	**タン**
This	**hap-**	pened	once	be-	**fore**
when	**I**	came	to	your	**door**

タン		タ	タ	タ	タ	タン	タ	タ	タ	タ
𝄽	𝄾 This	**hap**-pend once be-	**fore**	𝄾	𝄾 when	**I** came	to your			
door 𝄾	𝄽	𝄽	No re-	**ply** -	— .	𝄽	𝄽			
𝄽	𝄾 They	**said** it wa- sn't	**you**	𝄾 but	**I** saw	you peep				
through	𝄽	𝄽	𝄾 your	win-**dow**						
𝄽	𝄾 I	**know** that you saw	**me** 𝄾	𝄾 'cause	**I** looked	up to				
see	𝄽	𝄽 your	face	𝄽	𝄽	𝄽				
𝄽	𝄾 I	**tried** to te- le-	**phone** 𝄾	𝄾 they	**said** you	were not				
home	𝄽	𝄽	That's a	**lie** -	— .					

Exercise 9-1　行末のライミングを意識しながら上記の行を歌ってみよう。それを繰り返したうえで，歌ではなく普通の発話としても発音してみよう。

■自動詞

☆自動詞は対象をとらない。自動詞1語で〈S － V〉の構文が作られる。

S	V
This	happened.
You	peeped.
I	telephoned.
I	died.

☆ちなみに，上記の最初の 2 文について主語を問う疑問文は以下のようになる。

S	V
What	happened?
Who	peeped?

Exercise 9-2 英語で次の質問をしなさい。

(1) きのう何が起こったのか？

（　　　　）（　　　　　　　）yesterday?

(2) あしたは何が起こるの？

（　　　　　）will（　　　　）（　　　　　）?

(3) 誰から電話が来たの？＝誰が電話したの？

（telephone または call を自動詞に使って）

（　　　　　）（　　　　　）?

(4) 誰が来たの？

（　　　　　）（　　　　　）?

■移動の自動詞と空間表現

自動詞	空間詞	名詞	
come	to	your door	君の（家の）ドアへ（まで）来る
peep	through	your window	君の窓から（を通して）覗く
walk	in	your door	君の（家の）ドアから中に入る
look	out	your window	君の窓から外を見る
walk	down	the street	道を（先へ）歩いて行く
jump	over	the fence	フェンスを跳び越える

☆上記の自動詞は,（足による，または視線の）移動に関するもので，これらは to, through, in, out などの空間詞を伴って「どこ」に当たる名詞につながる。(「空間詞」については Session 10 参照)

■知覚動詞とネクサス

☆look や listen は外部の対象に視線を向けたり，耳を傾けたりすること。一種の行為である。対して see や hear は，精神内部で，視覚的・聴覚的に世界を捉えること。それらは「知覚動詞」と呼ばれる。

> I looked for Anna, but I didn't see her.
>> アンナがいないかとキョロキョロしたが，姿は見えなかった。
> I listened carefully, but I didn't hear anything.
>> 注意して聴いたけれど，何も聞こえてこなかった。

☆知覚の対象は「物」であることも「出来事」であることもある。出来事は主語と述語からなる。SVO の O の位置にくる出来事はネクサスの形をとる。

☆ネクサスについては Session 6（p.96），Session 10（p.154），また巻頭の「英語文の成り立ち」の p.10 の❸を参照。

S	V	O	
I	heard	the bell.	鐘が聞こえた
I	heard	{the bell toll}.	鐘が鳴るのが聞こえた
		{the bell tolling}.	鐘が鳴っているのが聞こえた
I	saw	you.	君が見えた
I	saw	{you peep}.	君が覗くのが見えた
I	found	{her gone}.	彼女がいないのに気づいた

☆ネクサス内は意味的に〔主-述〕の関係をなし，述語は動詞を含みうるが，その動詞には語尾変化もテンスもない。つまり原形のまま，現在形や過去形にはならない。

    ×   saw you ran   →   ○   saw you run

    ×   hear him cries   →   ○   hear him cry

☆ネクサス内で〔主語─補語〕関係を示すのに，be 動詞は通常用いない。

    ×   I will make him be happy.   →   ○   I will make him happy.

☆知覚される出来事は，see や hear の直接の対象となる。her {standing there} というネクサスを使った言い方は，その直接性を伝える。

＊伝聞は知覚とは異なり，伝え聞くのは間接的な事実である。「これこれのことがわかった，伝え聞いた」などと言うときは，対象を that 節で表すとよい。

    He told me (that) she was leaving home.

    （彼から伝達された情報内容が "She is leaving home."）

    ＝ I heard (that) she was leaving home.

これに対し

    I heard {her leaving home}.

は，彼女が出て行く物音を自分で聞いた場合に使う。

■副詞のつけ方

頻繁に使われる副詞のいくつかを見ておこう。

○動詞の直前に置くのがよい副詞（SVX における V の一部をなす）

    I **nearly** died.   ほとんど死にそうだった。

    I **really** cried.   マジで泣いた。

I **almost** forgot.　　　もう少しで忘れるところだった。

He **never** cries.　　　彼は決して泣かない。

○動詞の直前でも，SVO から切り離しても，問題ない副詞

　　Once I had a girl. I **once** had a girl. I had a girl **once**.

　　　かつて一度，俺は女を持った。

　　Sometimes she drives my car. She **sometimes** drives my car.

　　　ときどき彼女は俺の車を運転する。

○文頭に置く副詞

　　Frankly, I don't like his songs.

　　　正直，私は彼の歌が好きではない。

■副詞と名詞

☆同じ単語でも，SやOに組み込めば名詞になり，〈when〉〈where〉
　〈how〉の情報を担わせれば副詞になる。

S（N）	V	adv〈when〉
Tomorrow	never dies.	
No one	will die	tomorrow.

S	V	adv〈how〉
You	walked	hand in hand
		手をからませて

☆hand は具体的な一個の手を示すときは，単数複数が区別され，名詞
　の前に冠詞や数詞などの「限定詞」が置かれる。

　　a hand（ある手）　　　　　　　　the hand（その手）

a few hands（いくつかの手）　　her hand（彼女の手），
any hand（どれでも任意の手）　　a million hands（百万の手）

☆副詞句として使われる場合，名詞だったときには必要だった冠詞や複
数の s が抜ける。

Do you have a pencil at hand?

お手元に鉛筆がありますか？

They were tossing pizza from hand to hand.

彼らはそのピザを手から手へ投げ渡していた。

《No Reply》 *chorus*

If I were you, I'd realize that I
Love you more than any other guy.
And I'll forgive the lies that I
Heard before, when you gave me no reply.

■words & phrases

If I were you, I'd：→学習項目

realize：実情を認識する，気づく

more than any other guy：他の誰にも増して

forgive the lies：嘘を許す

gave me no reply：俺に何の返答もしなかった

Session 9　No Reply　│　**141**

Let's Sing

Exercise 9-3　コーラスの歌詞の中で，特に強く発音される［aɪ］の音
を含む 6 つの音節に下線を引いて，そこをジョンと一緒
に強く歌いなさい。

■If I were you

☆英語の直説法現在形は「実際に〜である」という含意を持つ。

（→ p.102 参照）

　　You are smart. Yes, you **are**.　　How smart you **are**!

＊are を強めると，実際に，本当に頭がいい，という主張になる。

☆「実際は違う」と意識して，仮定のうえで物を言うときは，動詞を直
　説法とは違う「法」にする。

☆現実ではないというフレームを設けるその「法」を，「仮定法」また
　は「条件法」と呼ぶ。

☆仮定法では，動詞を過去時制（物語る時制）にする。直説法現在は事
　実を示す形なので，仮定法には使えない。

　　×　If I am you　→　If I was you

　　　　　　　　　→　If I were you

■助動詞 would

☆意志と推量の助動詞 will は，仮定法では would に移行する。

　　If I were him, I wouldn't worry so much.

　　　　もし僕が彼だったら，そんなには心配しない。

　　　　＝僕だったら，彼みたいには心配しないんだけどなあ。

＊時制の一致と助動詞【p.113 の時制の一致の項目を参照】―ポイントは，
　「単なる過去形の文なのか，仮定法の文なのか，という違いは文脈を

見て判断する」ということ。

☆仮定の気持ちとは関係なく，過去時制では will は would に（Session 7 p.113 の「時制の一致」参照）。

She said "I will be late about an hour or two."

She said that she would be late about an hour or two.

彼女はだいたい1，2時間くらい遅れそうだと言った。

これを直接相手に向けて言うと——

You said that you would be late about an hour or two.

（I said that's all right, I'm waiting here . . .）

＊would，および can の仮定法の形である could については "If I Fell" を扱う Session 13 でも学習する。

■程度と比較の表現

☆副詞句は〈where〉〈when〉〈why〉など多岐の情報を担うが，分量 〈how much〉や期間〈how long〉などの表現を習得しておきたい。

Exercise 9-4 I love you の後に次の句をつけて言ってみよう。

(1) more than yesterday. 昨日よりもっと

(2) more than anybody in the world. 世界の誰よりも

(3) more than any other guy. 他のどんな男より

(4) more than words can say. 言葉では言えないくらい

Exercise 9-5 次に（　　）に how much を入れて言ってみよう。

(1) You don't realize （　　　　　） I need you.

どのくらい僕が君を必要としているかを，君はわかっていない。

(2) You'll never know （　　　　　） I really love you.

本当はどれだけ愛しているか，君には決してわかるまい。

ジョンの嫉妬歌

　ここで学習した"No Reply"の他にも，ジョン・レノンには"You Can't Do That""Run For Your Life"など，嫉妬に我を忘れる男の歌が非常に多くあります。一般に，ひとが恋人に対して極度の嫉妬を覚えるとき，心理学的に「愛着障害」が関わっているとされることがあります。端的に言って「＜母的なるもの＞からの愛に過剰に飢えている」ということで，ジョンの場合，たしかに，不在の母親ジュリアへの届かない思いが創作のエネルギーの根源の一つだったということは間違いないでしょう。

　ジョンを生んだとき母親ジュリアはまだ若く，浮気性だった夫以外の男性との暮らしを選び，幼いジョンを姉のところに預けて家を出ます。そしてティーンエイジャーになったジョンとまた仲よくなったと思うもつかの間，交通事故であっけなく逝ってしまうのです。

　ソロになってからのファーストアルバム『ジョンの魂』の中に，その名もズバリ"Mother"という曲があります。そこで彼は，子供時代の傷とおそらくは人生で初めてまともに向き合いながら，僕には母さんが必要だったのに，母さんは僕を必要としていなかった，としつつ，母さん，行かないで……!! と徐々に激しさを増していく絶叫を果てしなく繰り返します。できれば実際に曲を聴いてみてください。

　ちなみにポールも，ジョンよりさらに早くに母メアリーを亡くしています。"Let It Be"に出てくる"Mother Mary"はお母さんと解釈するのが自然でしょうし，"Yesterday"で「なぜだかわからないが，何かよくないことを口にしたせいで何も言わずに去ってしまった」

という女性も，作曲した当時は無意識だったにせよ，実はこの亡き母のイメージだったのかもしれない，と作者ポール自身がとあるインタビューで語っています。それでも，ポールは決して"Mother . . .!"と絶叫したりはしません。それがポールの流儀なのです。〈*N*〉

145

Session 10 Ob-La-Di, Ob-La-Da

――物語にもノリがある――

英語の文は SVO のつながりを主軸として，それにたくさんの副詞（副える言葉）がついてできています。「いつ」「どこで」「どのように」「なぜ」などの情報を文中にどのように込めたいか，ビートルズの歌詞から学んでいきましょう。

ポイント　◎三人称現在の語り　　　　◎空間詞と副詞句

　　　　　　◎名詞に掛かる現在分詞　　◎時の副詞句

　　　　　　◎ with の広がり　　　　　◎句と節とネクサス

■words & phrases

barrow［bǽroʊ］：（物売りが路上で使う）手押し二輪車［英国用法］

market place：市場の立つ広場

the singer in a band：あるバンドの唯一のシンガー（冠詞 a と the の違いに注意）

as：～しながら（同時的・順接的なつながりを示す接続詞）

takes him by the hand：彼の手を取る，手を取って連れていく

life goes on：生活（人生）は続いていく

how their life goes on：彼らの暮らしはかくも続く

　＊節の形をしているが，一種の感嘆文。

《Ob-La-Di, Ob-La-Da》

The Beatles, 1968

Lead Vocal: Paul McCartney

Desmond has a barrow in the market place,

Molly is the singer in a band.

Desmond says to Molly,

Girl, I like your face,

And Molly says this as she takes him by the hand:

Ob-La-Di, Ob-La-Da, life goes on, Bra,

La-la how their life goes on.

Ob-La-Di, Ob-La-Da, life goes on, Bra,

La-la how their life goes on.

Let's Sing

■日本語にない発音

・［l］の音は，舌先をしっかり口蓋／上歯の裏につけたまま発声。
    Ob-La-Di, Ob-La-Da, life

・同様に［n］の音も舌をしっかりと口蓋につけて鼻から声を出す。
    on, goes on

・［r］の音は，舌先を口蓋につけてはならない。［brɑ:］を 1 音で発音

Session 10 Ob-La-Di, Ob-La-Da | **147**

してみよう。

・life の f の音は「フ」ではなく，[f] ——下唇を上の歯に軽く当てて
発する無声音。

・their の th の音は「ズ」ではなく，[ð] ——舌先を上の歯と下の歯で
軽く噛んで発する有声音。

Exercise 10-1　まず，コーラスを歌いましょう。

＊Bra の音を元気よく，ウラ拍で。

1	2	3	4	5	6	7	8
↘	↗	↘	↗		↗	↘	↗
𝄾	Ob-	La-	**Di**	-	Ob	La-	**Da**
-	life	goes	**on**	-	-	-	**Bra!**
-	-		**La**	-	la	how	their
life		goes	-	on	-	-.	𝄾

■強弱の韻律

☆この歌のヴァースは，［強弱強弱］の韻律を基本にしている。

　　Des-mond **has** a **bar**- row **in** the **mar** -ket **place**

☆歌唱に際しては，最後の 2 音節が，ウラ拍で強調される。

　1 拍め（Molly, Desmond）がしばしば拍より早くスタートする。

1	2	3	4	5	6	7	8
↘	↘	↘	↘	↘	↗	↗	↗
Des-mond	has a	bar-row	in the	mar-	ket	place,	Mol-
	↘	↘	↘	↘			↗
- ly	is the	sing-er	in a	band.			Des-
	↘	↘	↘	↘	↗	↗	↘
-mond	says to	Mol-ly,	girl, I	like	your	face, and	Mol-ly
↘	↘	↘	↘	↗			
says this	as she	takes him	by the hand.				

Exercise 10-2

（1）"market place" を歌のリズム通りに発音してみよう。

（2）"I like your face" を歌のリズム通りに発音してみよう。

（3）ヴァースの１番全体を，歌のリズム通りに発音してみよう。

■三人称の物語

☆物語は過去時制で語られることが多いが，《Ob-La-Di, Ob-La-Da》は現在時制。

☆現在時制では，三人称単数の動詞の形が変化する。

三人称・単数・現在	三人称・複数・現在
Desmond **has** a barrow.	Desmond and Molly **have** a barrow.
Molly **says** [sez] this.	They **say** this.
She **takes** him by the hand.	They **take** him by the hand.

Syntax

■ 〈where〉の情報

☆一般に「前置詞」と呼ばれる in, on, at などは，日本語の「に」や「で」
　のような助詞機能を持つ一方で，空間的なイメージが明確である。本
　教材では，それらの語を「空間詞」とも呼ぶ。

☆いろいろな空間詞：

　　up, down, in, out, from, to, for, under, over, by, with

☆空間詞は単独で補語にもなる。

　　What's up?　　　　　　　どうだい？（くだけた挨拶）

　　I'm down.　　　　　　　すっかりやられた。

☆空間詞は単独で副詞の役割も果たす。

　　Move over.　　　　　　　どいて。

　　Did you put it in?　　　　（中に）入れた？

☆空間詞は動詞と一体化して一つの「句動詞」をつくる。

　　Pick up the garbage.　　ゴミを拾いなさい。

☆空間詞のついた句は，名詞の後から名詞を修飾でき，

　　a boy from Thailand　　タイから来た少年

☆be 動詞の補語になり，

　　Where are you?　　　　　どこにいるの？

　　We're in the market place.　市場のところだよ。

☆また，SVO の後について副詞句をつくる。

S	V	O	〈where〉
Desmond	has	a barrow	in the market place.

Exercise 10-3 英語で言ってみよう。

(1) モリーはバンドの歌手だ。

Molly is the （　　　　　）（　　　　）a band.

(2) モリーは（普段）バンドで歌っている。

Molly （　　　　　）（　　　　）a band.

→日本語は動詞・形容詞にかかる場合（連用）と，名詞にかかる場合（連体）とで，語形を変化させる。

連用	連体
そのバンド**で**歌う	そのバンド**の**歌手
	×　そのバンドで歌手
青森**から**来た	青森**からの**男
	×　青森から男

英語にはその違いがない。「連用」と「連体」を差異化しない。

to sing **in** the band ─ a singer **in** the band

came **from** Aomori ─ a man **from** Aomori

●空間詞で始まる句：前置詞句

■「誰に言う」「どこをつかむ」

☆to や by は，広く文法的機能を果たす助詞のような存在だが，これらの単語も空間詞としてイメージすることができる。

☆空間詞 to は基本的に「→」のイメージを持つ。

発言が誰に「向けて」のものであるかを，「say to（→）誰々」で示す。

Desmond says to Molly, "Girl, I like your face."

☆by は空間詞として「すぐそこ」という近接感を示し，機能語に転じ

て「手立て」や「拠り所」を示す。

go by bus（バスで行く）

take him by the hand（彼を，手によって，とらえる＝彼の手を取る）

前置詞の意味の多様性について

in, on, to, over, by, for など，前置詞はそれぞれたいてい複数のまったく異なる意味を持っています。ぜひ，辞書を引いて確かめてください。

たとえば for は「～のために」という意味（①）がたいていの辞書の最初にありますが，「～という長さの時間のあいだ」という意味（②）にもなりますし，「～という理由で」という意味（③）もあります（ただし，特に②③に関しては日本語ではあからさまに訳出されないことも多いです）。

① He sings a song of love for Cynthia.
  （彼はシンシアのために愛の歌を歌う。）
② I've known his secret for months.
  （僕は彼の秘密を何カ月間も知っている。）
③ Thank you for loving me like this.
  （こんなふうに僕を愛してくれてありがとう。）

それぞれぜんぜん違う意味なので覚えるのは大変……と思われるかもしれませんが，ビートルズの歌を歌って覚えていけばきっと簡単なはずです。

Exercise 10-4 （　　）の中に適切な空間詞を入れなさい。

(1) Penny Lane is （　　　　） my ears and （　　　　） my eyes.
ペニーレインは僕の耳と目の中にある。

(2) I'm （　　　　） love with her, and I feel fine.
僕は彼女に恋していて，ああ気持ちいい。

(3) （　　　　） love （　　　　） me （　　　　） you
僕から君への愛をこめて

(4) （　　　　） the sea, （　　　　） an octopus's garden （　　　　） the shade
海の下，暗がりの中にあるタコの庭園の中に

＊Verse 2 では，Desmond が宝石屋に行って，20 カラットの金の指輪を買い，Molly にプロポーズすると，彼女が喜んで Ob-La-Di, Ob-La-Da . . . を歌い出す，という様子が歌われる。物語は続きます。

(bridge)

In a couple of years they have built a home

Sweet home,

With a couple kids running in the yard

Of Desmond and Molly Jones.

(verse 3)

Happy ever after in the market place,

Desmond lets the children lend a hand.

Molly stays at home and does her pretty face,

And in the evening, she still sings it with the band.

Yes!

(chorus)

■words & phrases

In a couple of years：2 年（または数年）後

　＊「何年かの内に」ではなく「何年かの後に」の意味で使われる。

　＊a couple of は文字通りには「2 つの」という意味だが，少ない数
　　のものを大雑把に指すのにも使われる。

have built a home：彼らはすでに家庭を築いた（完了）

With a couple of kids running in the yard. : 庭を 2 人（かそこらの）子
　供たちが駆け回って

of Desmond and Molly Jones : of は前行の kids が<u>誰の</u>子かを示す。

happy ever after : その後ずっとしあわせ。

　＊おとぎ話の締めの句，And they lived happily ever after. を意識した。

lets the children lend a hand : 子供たちが手を貸すのを，デズモンドは
　放っておく（子供たちが率先して手伝うままにしておく）

does her pretty face : かわいい顔にお化粧をする

　= does her makeup; makes up her face

still : 今もなお

sings it with the band : この "it" の内容は次に歌うコーラス

■前置詞 with で状況描写を加える方法

○ In a couple of years they have built a home. は完成した文だが，さら
　に説明を加えるときに，［with ＋ネクサス］を使う方法がある。

　— with {a couple of kids ~~were~~ running in the yard}

　—｛子供が 2 人ほど——庭の中を走って｝

＊ネクサスに，were や are など時制のついた動詞は入り込むことがで
　きない。【Session 6 参照】

Exercise 10-5　文中のネクサスを ｛　　｝ で括りなさい。

（1）I could be happy with you by my side.

（2）the girl with the sun in her eyes

（3）when I saw her standing there

Session 10　Ob-La-Di, Ob-La-Da　| **155**

■節と句とネクサス

＊文の要素には「節」と「句」がある。

○「節」は「文中の文」であり，文同様，主語―述語の構造をとる。
「節」の頭には，that や if や when などの接続詞がつくのが一般的。
that 節の that はしばしば省略される。
　→ I hope (that) you will visit us.

○「句」は「2 語以上からなる語」であり，語同様，SVO 等の構文を
つくる単位となる。

S — V ———	O	adv
I　drink	two cups of coffee	before breakfast
私は　飲む	二杯のコーヒー	朝食前
	（名詞句）	（副詞句）

○「ネクサス」：節と句の両方の性質を兼ね備える。
「主語―述語」の意味関係を持つ。この点は「節」のよう。
次の二点において，名詞句のようにふるまう。
　・前置詞 with が，ネクサス全体を文につなげる。
　　with {a couple of kids running in the yard}
　・ネクサス全体で他動詞の目的語になる。
　　I saw {her standing there}.

評論 **ビートルズはなぜイギリスで生まれたのか？**

中野学而

　ビートルズはなぜ，ロックンロールの本場アメリカ合衆国ではなく英国に生まれたのでしょうか？　そこに何か必然性のようなものはあったのでしょうか？

　若きジョンが年下のポールのボーカリストとしての魅力の虜になった大きな理由の一つには，彼があまりにも上手に合衆国の黒人Ｒ＆Ｂ／ロックンロール歌手のリトル・リチャードのシャウトのモノマネをすることができた点があったそうです。リチャードが完成させたと言っても過言ではないロックンロールというとびきり元気なポピュラー音楽のジャンルは，アメリカ合衆国の特異な文化的文脈の中で，長らく「決して混じり合ってはならない」とされてきた二つの異なる文化領域，つまり〈白人的なるもの〉の領域と〈黒人的なるもの〉のそれとがシリアスな形で混じり合った際の化学反応の強度を体現する，と言われています。

　ごく大雑把に言って，〈白人的なるもの〉がキリスト教に根差す堅固な構造への志向性，禁欲的生活態度のようなものであるとすれば，〈黒人的なるもの〉とはアフリカ起源の土着信仰に基づくゆるやかな反復への志向性や人間的欲望の肯定，ということになるでしょうか。ブラジルやキューバなどの中南米諸国においても白人と黒人は農園労働を介して合衆国同様に近接に暮らしていましたが，合衆国では格段に強いレベルで〈白黒混交タブー〉が存在しました。そのタブーの根源は，合衆国精神の「屋台骨」と言われる厳格なキリスト教の一派「ピューリタニズム」の世界観であったとされます。むろん便宜的なフィクションにすぎないものでありながら，このイデオロギーは絶大な力をもってアメリカ文化

評論　ビートルズはなぜイギリスで生まれたのか？　　157

の基層に決して消えることのない，今に続く悲劇を刻み付けることになります。

　ともあれ，ロックンロールのパワーの源はそのように〈絶対に混じり合ってはならない〉とされるものが時代と環境の変化の中で混じり合ってしまうときの強烈な化学反応ですから，それはこのタブーが伝統的に非常に強く存在する合衆国においてしか生まれえなかったのですが，逆に，だからこそ合衆国では，そのロックンロールの進化／深化形態としてのビートルズは生まれえなかった，ということが言えると思うのです。

　特に公民権運動の頂点を画す 1963 年へと向かう合衆国の白人たちのなかには，その反動として，それまで以上に〈黒人的なるもの〉を悪魔化して排斥しようとする人々がたくさん現れることになりました。それが普遍的な人間の欲望に根差すものである以上，それを抑圧している白人の側としても，その力に，いわば自らの支配領域や既得権益を食い破られるような脅威を感じたのだと思います。ロックンロール王国の「キング」はエルヴィス・プレスリーでしょうが，彼の出自（規範的な米国北部の中産階級とは正反対の，貧しい南部の労働者階級の出身の白人でした）にまつわる身のこなしや歌い方などのパブリックイメージは，あえてそこを強調しようとするマーケティング戦略もあいまって，そもそも白人にしてはあまりにも〈黒人的〉にすぎるものでした。そのため，1954 年の衝撃のデビューからしばらくの間こそ激しい熱狂をアメリカの若者のあいだに巻き起こしたものの，合衆国のごく一般的な白人は，結局エルヴィスが撒いた種を文化の根源に届くレベルで本格的に受け入れ，育てていくことができなかったのです。ロックスターたちの兵役や事故も重なり，こうしておよそ 1958 年，1959 年頃には，ロックンロールは，その生まれ故郷の合衆国では，もはや〈死んだ〉とまで言われるほど下火になってしまいます。

しかし，第二次世界大戦後のテレビやラジオ，レコード録音などの通信メディアテクノロジーの革新や人権思想の広がりの結果，もはやポピュラー音楽はグローバルな展開を見せていました。文化的に合衆国のルーツでありながら，ピューリタニズムの影響はそこまで強くはなく，合衆国南部のような形での黒人奴隷とのシリアスな物理的・空間的共存を経験していないこともあって，〈白黒混交タブー〉も格段に弱かった英国の若者たちが，大西洋を超えて，すでに当時の合衆国の白人たちとは比較にならない深度で合衆国産の黒人音楽を咀嚼し，大事に育てていたのです。冒頭に言及したポールによるリトル・リチャードの「モノマネ」しかり，言わば彼らは「モノマネ」に過剰な価値判断を加える（加えられる）ことなく，合衆国に比較すればずっと純粋にその魅力に身を委ねて演奏・歌唱の技術を洗練させていくことができたのですし，それを新しい若者文化のあり方として多くのリスナーが支持し熱狂することもできたのだったろうと思います。

　ただ，その上で言えば，この問題には同じ英国の中でも地域性による差がありました。一般的には，同時代に大都市ロンドンを中心に活動していたローリング・ストーンズの方が黒人音楽の理解が深いと言われることが多いですが，必ずしもそうとばかりは言い切れません。黒人音楽自体は 1960 年代のロンドンにおいてより純粋な大流行を見たのですが，地方都市リヴァプールのビートルズの４人も，冒頭のエピソード，あるいは初期のレパートリーにも明らかなように，ブルースや R & B に始まる黒人音楽／文化に対してデビュー前から極めて強いシンパシーを抱きつつ，自らの血や肉となるまで積極的に吸収しもしていたのでした。実際，アメリカ公演の際に遭遇した公民権運動の波に対しても彼らは非常に強いシンパシーを寄せ，公的にもそれを表明して大きなバッシングを浴びることにもなります。

ただ，そうだからこそ，というべきでしょうか，その一方，合衆国の白人たちともどこか通底するようなかたちで，このまま黒人文化を採り入れていけば，自らが英国の周縁部（イナカ）に生まれた白人として無意識のうちに憧れながら背負ってきた（背負わされてきた）長い文化的伝統が崩壊してしまうかもしれない，とでもいうような抵抗，恐怖を感じざるをえない深度にまで，彼らの黒人音楽／文化の理解は到達して（しまって）いたのではなかったかと思います。それはまた，白人自身がキリスト教文明の中で抑圧してきたものに通じるという意味で，古いケルトやヨーロッパの古層の文化，はたまたユーラシアやアジアにまで広がりうる文脈をビートルズに導き入れていきます。その意味では，ビートルズは，ロンドンの文化的にも経済的にも恵まれた環境で育った（ゆえにより余裕をもって黒人文化に憧れることもできた）同時代の白人ミュージシャンたちより，黒人音楽に対してより抜き差しならぬかたちで向き合っていた，と言えそうです。

　当時〈スウィンギン・ロンドン〉と呼ばれるほどの若者文化の革命の中心地となって，ある種の文化的卓越性の意識とともに伝統的な生活様式や価値観から若者が比較的自由になりやすかったアングロサクソンの大都市ロンドンとは違って，長い被抑圧の歴史を持つアイルランド系移民が多く，ケルト系の古い文化とカトリックの精神性が深く息づくリヴァプールという辺境の街の労働者階級の子弟として育ったビートたちにとって，自らの故郷や伝統への愛（呪縛）は，あまりにも自然なものでした。かくして，彼らとしては，結局のところ，ロンドンで大流行している〈黒人的なるもの〉の新鮮で普遍的な魅力に自らを骨の髄まで浸らせながらも，その道をそのまま突っ走ろうとするのではなく，むしろその魅力が強ければ強いほど，逆に故郷の風土を含め自らを育てた〈白人的なるもの〉の伝統も死守すべく，ヨーロッパの広いモダニズムの文

学的・芸術的文脈をいよいよ深く掘り下げようともする非常に困難な領域へと進んでいかざるをえなかったように思えるのです。

　こうして，音楽的に言えば，白人キリスト教文明的な調性メロディーの美しさや曲構造のドラマ性と黒人的な反復性や境界撹乱性，そしてさらに古いヨーロッパ文化の古層に息づく民族の無意識の領域との絶え間ない拮抗／緊張が織りなす，まさに〈ビートルズ的〉としか言いようのない魔法の音楽が生まれます。黒と白の間の化学反応の激しさ，深さという意味では，これはまさにロックンロールの系統樹における最も正統的にして最重要の進化だったと言えるでしょう。

　1950 年代中盤から後半を席巻した真に〈黒い〉音楽は受け入れることができずとも，1963 年の全米デビュー以降，表向きは極めて折り目正しく〈白い〉顔を保ち続けたビートルズならば熱狂的に受け入れざるをえなかったロックンロールの本場アメリカ合衆国で，やがて 1965 年，

Bob Dylan

Photo by Getty Images

Little Richard

写真提供　Alamy/ユニフォトプレス

独自の文脈で黒人音楽と白人音楽の伝統の理解を深めていた合衆国中西部ミネソタ出身のユダヤ系白人青年ボブ・ディランがビートルズからの深い影響のもとに生み落とした"Like a Rolling Stone"——この曲の冒頭のスネアドラム一発！の瞬間には，だから，音楽とともにさまざまな歴史的境界を壊すかたちで引き起こされてきた，人々の心の最深部における激しい軋みが特に切実に響いているように思えるのです。

Photo by Getty Images

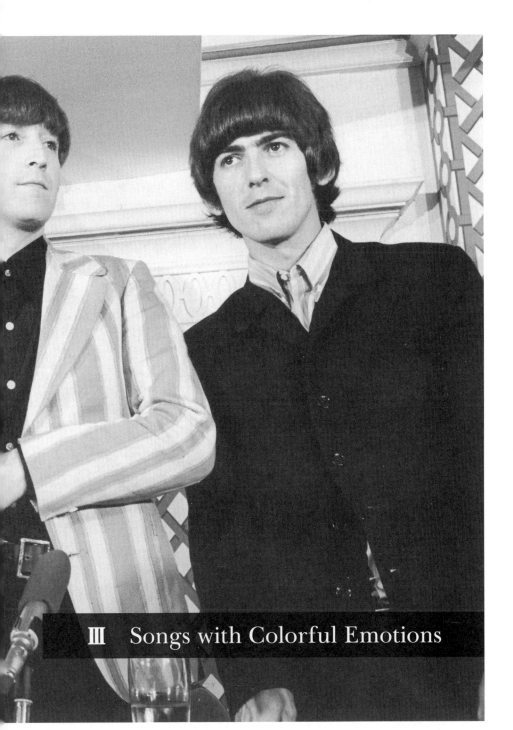

III Songs with Colorful Emotions

Session 11 A Hard Day's Night / Here Comes the Sun

──きつい一日の終わりに──

今回はアイドル時代の映画『ハード・デイズ・ナイト』の主題歌としてシングルカットされたヒット・ナンバーです。曲も映画も，4人が振りまく喧噪そのもののように，快活で目まぐるしく進みます。感情の振幅をそのまま焼き付けたかのような表現も，しっかりものにしていきましょう。もう一曲，『アビイ・ロード』から，成熟したジョージの曲も傾聴します。

ポイント ◎ be 動詞の現在完了（'ve been, 's been）

◎今までずっと～ing（'ve been ～ing，'s been ～ing）

◎ get you ～ / buy you ～　　　　◎ worth it

◎ why should I ～？

■words & phrases

It's been . . .（It has been）：今まで～だった

a hard day's night：a hard day（きつい一日）と a hard night（きつい一晩）が交錯したおかしなフレーズ

I've been working：今まで働いていた（継続の完了を表す）

work like a dog：犬のように（忙しく）働く。（慣用句）

sleep like a log：丸太のように（ぐっすり）眠る。（慣用句）

the things that you do：君がすること

make me feel all right：おれに自信を持たせる（"I'm all right" という気持ちにさせる）

you know：ねえ（わかってるよね）

《A Hard Day's Night》

A Hard Day's Night, 1964
Lead vocal by John (verse) and Paul (bridge)

It's been a hard day's night,
And I've been working like a dog.
It's been a hard day's night,
I should be sleeping like a log.
But when I get home to you,
I find the things that you do
Will make me feel all right.

You know, I work all day
To get you money, to buy you things.
And it's worth it just to hear you say
You're gonna give me everything.
So why on earth should I moan?
'Cause when I get you alone,
You know I feel okay.

get you money：君（のため）にお金をかせぐ

money to buy you things：君にものを買ってあげるための金

worth it：その価値（甲斐）がある，元がとれる

It's worth it just to . . .：～するだけでも報われた思いがする

Why [on earth] should I moan?：どうして愚痴をこぼすことがあるだろう（反語）。

　on earth：一体全体（疑問詞について感情を強める）

get you alone：僕だけが君をゲットする；君をひとり占めにする

■継続状態の完了【p.122 の「完了したこと＝ have ＋過去分詞」も参照】

○現在分詞は「継続」の相（aspect）を持ち，be 動詞に接続して進行形の文をつくる。

○過去分詞は「完了」の相を持ち，have に接続して完了形の文をつくる。

○両者を組み合わせることで，「あることが今まで続いた」ことを示すことができる（今まだ続いていてもよい）。

私は走っている（継続）	I am running.
→ もう３時間も走っている	I have been running for three hours.
私たちはいま夢の中にいます。	We are in a dream now.
私たちはもう何日も夢の中です。	We've been in a dream for days.

Exercise 11-1　英語で言ってみよう。

(1) 僕はここで（今まで）彼を待っていたんだ。

　　(　　　) (　　　) waiting here for him.

Session 11　A Hard Day's Night / Here Comes the Sun　|　**167**

(2) 何度も彼女はひとりになった。何度も彼女は泣いた。

　　Many times （　　　）（　　　） alone, many times she's cried.

　　＊have been (has been) の後には，現在分詞も過去分詞も形容詞
　　　もつながる。be 動詞の補語になるものは，どれも OK。

(3) 彼は僕によくしてくれた。

　　（　　　）（　　　） good to me.

(4) 君がいってしまってから，彼女は夜も眠れない。

　　She can't sleep at night, since （　　　）（　　　） gone.

■時間の表現法

○日時や曜日は It's の後に

　　It's February 29th today.　　　　今日は 2 月 29 日です。

　　Now it's time to say good night.　もうおやすみを言う時間だよ。

○経過した時は「It's been」の後に

　　It's been almost thirty years since we last met.

　　　最後に私たちが会ってから，ほとんど 30 年になります。

　　＊almost は「未満」ではあっても，それに近いときに使う。

Exercise 11-2　（　　）の中に正しい語を入れなさい。

(1) （別れが）長くなった，いま彼女は故郷に戻ってくる。

　　It's （　　　　） a long time, now she's coming back home.

(2) 僕は離れていた。

　　（　　　　） been away.

(3) 長い，長い，長い時を経た。

　　（　　　）（　　　　） a long, long, long time.

■助動詞と進行形の組み合わせ

☆助動詞 should は「〜すべき」「〜して当然」

should be 〜ing は「〜していて当然」「〜している状態が本来」ということ。

　　I'm so tired I should be sleeping now.

　　眠っていて当然なくらい僕は疲れている。

☆一方，must は「〜であるに違いない」「〜が必定」

He must do it. は「彼はそれをしなくてはならない」という強い拘束を表すが，

He must be doing it. は「彼はきっとそれをしているだろう」という確信を表す。

Exercise 11-3　英訳として正しい方を選びなさい。

（1）君のお母さんならきっと知っている（知っていて当然）

　　a）Your mother should know.　　b）Your mother should be knowing.

（2）ご冗談でしょう（あなたはふざけているに違いない）

　　a）You must joke.　　　　　　b）You must be joking.

■worth it の使い方

It's worth it just to hear you say it.

　君がそういうのを聞くだけで報われる。

"I waited for 2 hours to see the show."　　ショーを見るのに 2 時間待った。

"Was it worth it?"　　　　　　　　　　その甲斐がありました？

　＊It's not worth the trouble.

　　そこまでしても無駄ですよ。（その労苦に値しない）

■Why should I 〜?

反語表現（〜する理由があるか，否，ないだろう）

Why should I give it to you?　　なんで君にあげなくちゃいけないんだ。

Why should I moan?

Because when I get you alone, I feel okay.

　文句を言う筋合いじゃないよね，

　だって君とふたりになれば，すっきりするもの。

Exercise 11-4　ブリッジの8小節を歌いましょう。

When I'm home, everything seems to be right.

When I'm home, feeling you holding me tight, tight, yeah

1	2	3	4	5	6	7	8
						↘ ↗ when I'm	↗ home,
				↘ ↗ ev-ery	↘ ↗ thing seems	↗ to	↘ be
↘ ri -	- ght.					↘ ↗ when I'm	↗ home,
				↘ ↗ feeling	↘ ↗ you hold-	↗ ing	↘ me
↘ tight,			↗ tight,		↗ yeah.		

Listen and enjoy.

《Here Comes the Sun》

Abbey Road, 1969

Lead Vocal: George Harrison

chorus

Here comes the sun, doo-dun-doo-doo,

Here comes the sun, and I say

It's all right.

Little darling, it's been a long, cold, lonely winter.

Little darling, it feels like years since it's been here.

(*chorus*)

Little darling, the smile's returning to their faces.

Little darling, it seems like years since it's been here.

(*chorus*)

Session 11   A Hard Day's Night / Here Comes the Sun | **171**

■words & phrases

Here comes 〜：「ほら，〜だ（〜が来た）」（注意を促す）

the sun：天体としての「太陽」だけでなく，「日差し」「日向」「日光」
　などを広く含む概念。

little darling：恋人等への呼びかけ，little の [t] は，しばしば破裂しない。

It feels like years：何年も（たったよう）に感じられる。

since it's been here：それがここに来て（居ついて）から

the smile's returning：笑顔が戻りつつある（smile's = smile is）

Useful Expressions

★Here comes ...

☆２つの言い方の違いをチェック

・The pencil is here.　　　　　その鉛筆のありかはここだ。（情報を伝える）

　Here is a pencil.　　　　　ほら，ここに鉛筆が１本ある。（発見を伝える）

・Your daughter comes here.　あんたの娘さんはここに来る。（情報）

　Here comes your daughter.　あんたの娘さんが来た。（発見）

・Here you go.　　　　　　　ほら，これ。（物を渡す）

　＊Here it is. とも There you go. ともいう

　You go there.　　　　　　君は，そこへ行くんだ。（指示）

★It feels like years

☆It feels like は「〜のように感じられる」。

☆years は「何年も」。一年かそこらの時間でないということ。

　　Since I lost you, it feels like years.

　　　君を失ってから，もう何年もたった気がする。

Yes, it seems so long, since you've been gone.

そうなんだ，君がいなくなってから長い時間の経過を感じる。

ビートルズの＜仮面＞感覚

　ビートルズが当時の他のバンドと一味も二味も違っていたことの一つには，自分たちの「仮面性」に対する強烈な自意識があります。自分たちは成功するために洗練された服装，振る舞いでメディアに出ているが，そのイメージはあくまでもマーケットの要請に従うための演技なのであって，本当に大事なものは家庭や故郷で培った，あくまでも飾らない＜等身大の本音の世界＞のうちにこそあるのだ，というゆるぎない確信です。

　ビートルズのデビューにあたり，敏腕プロデューサーのジョージ・マーティンには No. 1 ヒット間違いなしと思われたプロの作家の曲のストックがあり，将来有望なビートルズにこの曲をプレゼントしようとしました。しかしなんと彼らは新人バンドの分際（！）でそれを一蹴してオリジナル曲を完成させ，堂々 No. 1 ヒットとします。ちなみに，問題のその曲はジェリー・アンド・ザ・ペースメーカーズというバンドに譲られ，"How Do You Do It" としてジョージ・マーティンの確信通り No. 1 になっています。

　ビートルズが作り上げたオリジナル曲 "Please Please Me" のこだわりのポイントはいくつもあると思いますが，なんといっても，"How Do You Do It?" が「汎用性の高い，優れた商品としてのラブソング」らしく「意中の女性を喜ばせようとする男性の歌」だったのに対し，"Please Please Me" は，全体としてはマーケットの要請に

商品として適宜従いながらも，そのタイトルに明らかなように（Session 4 の Exercise 4-2 を参照），むしろ「これだけ僕が君に尽くしているのだから，君も僕を喜ばせるのが理の当然だろう，お願いだよ」という歌い手の＜本音＞をこそ歌う，既存の「売れ筋フォーマット」への挑戦状ともいうべきものだった，ということに尽きます。

　それに加えて，この歌はおそらく男の子がその＜本音＞を誰か仲のよい同性の友人（おそらくビートルズのメンバー自身がモデルでしょう）に聞いてもらっているという，まさに同郷の友人同士だったビートルズの生活のリアリティに沿った設定にもなっています。主題，設定の斬新さに釣り合うように，タイトル，メロディ，アレンジ，コード進行のすべてが新しい，自分たちの言葉で正直な気持ちを訴えかけるオリジナルなラブソングであることがおわかりいただけるでしょう。〈N〉

174

Session 12 Hey Jude

——励ましのメッセージ——

1968年の晩夏，久しぶりのシングル盤として出たこの曲は，ビートルズ最大のヒット曲の一つとなりました。ポールはインタビューで，ジョンの最初の息子で当時5歳のジュリアンを想像しながら書いたと述べています。相手の心に届くよう，ゆっくり，しゃべるように歌いかけるこの歌を通して，英語のリズムと間合いをつかんでいきましょう。

ポイント　◎ make と let　　　　　◎ be ＋過去分詞
　　　　　◎ have ＋過去分詞
　　　　　◎接続詞としての the minute と any time
　　　　　◎ it's . . . who . . .（仮の主語）

■words & phrases

make it bad：自分で（みすみす）だめにする

take a sad song：悲しい歌（状況）を手にする

make it better：よりよいものにする

Remember to . . .：忘れずに〜しなさい。

let her into your heart：きみのハートに彼女を入れる

start to . . .，begin to . . .：〜し始める

Don't be afraid：こわがるな。

You were made to . . .：〜するようにできている（そのように作られた）

go out and get her：打って出て彼女をゲットする

the minute . . .：〜した瞬間（2語で1つの接続詞）

《Hey Jude》

#1 hit single of 1968
Lead Vocal: Paul McCartney

verse 1
Hey Jude, don't make it bad,
Take a sad song and make it better.
Remember to let her into your heart,
Then you can start to make it better.

verse 2
Hey Jude, don't be afraid,
You were made to go out and get her.
The minute you let her under your skin,
Then you begin to make it better.

---

let her under your skin：（直訳）肌の下に彼女を通す
　　＊let her into your heart の言い換え（heart ― start, skin ― begin の
　　韻に注目）

176

■make と let

☆make の原意は「成す」「作りあげる」。働きかけて，やり遂げる。

　　Did you make it?　　　　うまくいった？

　　No, I blew it.　　　　　いや，しくじった。

☆Let の原意は「通す」。動きにまかせ，妨げることをしない。

　　Let me go.　　　　　　　行かせて（放して）。

　　Let it be.　　　　　　　ありのままに。

Exercise 12-1　make か let か，どちらかを（　　）に入れなさい。

(1) Green is the color that will （　　　　　） me blue.

　　グリーンは僕をブルーにする色だ。

(2) Give us a wink and （　　　　） me think of you.

　　ウィンクをして，君のことを思わせてくれ。

(3) （　　　　　） me take you down, 'cause I'm goin' there.

　　君も一緒にどうだい（君を連れていかせて），今そこに行くところなんだ。

(4) Come closer, （　　　　） me whisper in your ear.

　　近くに来て，君の耳にささやかせてよ。

■動詞＋ to 不定詞（意味の流れを追う）

＊「動詞＋ to 不定詞」の接続は「動詞＋目的語」に次いで多い超頻出
　パターン。文頭から意味をとっていくようにしたい。

Exercise 12-2　（→）を to で置き換えて１つの文にしなさい。

(1) Remember. （→） Let her into your heart.

　　忘れないで → 彼女を心に入れなさい

Session 12　Hey Jude　|　**177**

(2) Then you can start.（→）Make it better.

　　そうすれば踏み出せる → 改善せよ

(3) You were made（→）Go out and get her.

　　君はそのように作られた → アタックして彼女の心をつかめ。

■受け身（受動態）：be ＋過去分詞

☆動詞の完了形（過去分詞）は，ある出来事が済んでしまった（すでに
　成された）状態を表す。

☆状態を表すので，形容詞同様「be 動詞」の補語となり，「受け身」の
　文をつくる。

S	be	C	
The letter	was	*stolen*.	手紙は盗まれた。
They	were	*surprised*.	彼らは驚いた（驚かされた）。
We	are	*made* to work.	我々は働かされる。

他動詞の原形	過去形（行為）	完了形（状態）
steal	stole	stolen
surprise	surprised	surprised
make	made	made

☆受動態の文（S-be- 完了形）に対し，SVO の形をした文を「能動態」
　と呼ぶ。

　能動態　I *will send* all my loving to you.（send － sent － sent）

　受動態　All my loving *will be sent* to you.

Exercise 12-3 受け身の文を能動態（SVO）にしなさい。

（カッコの中は現在形－過去形－過去分詞の活用変化）

（1）All my love is given to her. （give － gave － given）

　　 I （　　　） her all my love.

（2）And if my love was seen （see － saw － seen）

　　 And if you （　　　） my love

（3）She'd be loved by you, too. （love － loved － loved）

　　 You'd （　　　） her too. 　　'd = would

（4）She's loved by me.

　　 I （　　　） her.

＊能動態の文と受動態の文は「同じ意味だ」とはいえない。主語も構文
　 も異なれば，伝わるメッセージも別物になるだろう。

＊ビートルズの詞文はほとんどが能動態。能動的であるところに彼らの
　 歌の特徴がある。

■接続詞 the minute

☆the minute（その瞬間）とその同義語（the moment など）は，接続
　 詞にも使われる。

　　 The moment I said it, Rita started to cry.

　　　 私がそれを言った瞬間，リタは泣き出した。

　　 Your headache will go, the minute you take this medicine.

　　　 このクスリを飲んだ途端に，あなたの頭痛は消えます。

☆any time（いつでも）も接続詞として使われる。

　　 Any time you feel the pain, just listen to this song.

　　　 苦しさを感じたら，いつでもこの歌を聴いてごらん。

bridge

And any time you feel the pain,

Hey Jude, refrain,

Don't carry the world upon your shoulder.

For well you know that it's a fool who plays it cool

By making his world a little colder.

verse 3

Hey Jude, don't let me down,

You have found her, now go out and get her.

Remember to let her into your heart,

Then you can start to make it better.

---

any time you feel the pain：苦痛を感じるときはいつでも

　＊any time は「いかなるときも」。一語にして接続詞としても使う。

refrain：抑える（ここでは命令法）

carry the world upon your shoulder：世界を自分の肩に背負う

For well you know：だって，ほら，わかるだろ，

It's a fool who . . .：～する者はただのフールだ。

plays it cool：クールに演じる

making his world a little colder：自分の世界を少々冷たくすること

let me down：僕を失望させる

Let's sing.

・ゆっくりしたテンポで，ウラ拍を意識して歌います。

1	2	3	4	1	2	3	4
↗↗ And	↘ any ⇐ti	↘ ↗ me you	↘ ↗ feel the ⇐pa	↘ in,	↘ ↗ hey Jude		↘ ↗ re frai-
n,	↘ ↗ Don't car-	↗ ------ry	↘ ↗ the wor-	ld	↘ ↗ up- on		↘ ↗ your shoul-
↗ der	------------	----------	----------------.	↗↗ For	↘ ↗ well you ⇐kn	↘ ↗ ow that	↘ ↗ it's a fo-
ol	↘ ↗ who plays		↘ ↗ it cool		↘ ↗ by ma-	↗ --- king	↘ ↗ his wor-
ld	↘ ↗ a lit-	↗ tle	↗ col-	↗ der ----------------.		↗ Na	↘ ↗ Na Na
↘ Na	↘ Na	↘ ↗ Na Na	↘ Na	↘ Na			

■It's で始めるハイライト文

(a) A fool plays it cool. 　　　　　　フールはクールに演じる。

(b) **It's a fool who** plays it cool. 　　クールに演じるのはフールだ。

＊(a) は，主語と動詞句から成る単文で，「〜は〜する」という事実を
　　伝えるのみ。

＊(b) は，まず It's a fool. と述語にスポットを当て，どういう者がフー
　　ルなのかを who の後に示す。

Session 12 Hey Jude | **181**

☆人は who で受けるが，物事は that で受ける。

We all live in the yellow house.

僕らはその黄色い家に住んでいる。

→ It's the yellow house **that** we all live in.

僕らが住んでいるのはその黄色い家だ。

Exercise 12-4 次の文の内容を，It's で始まる文で言ってみましょう。

（1）Mother Mary comes to me.

→現れるのは母メアリーだ。

_____ who comes to me.

（2）She is speaking the words of wisdom.

→彼女が話しているのは，知恵の言葉だ。

_____ that she is speaking.

1984 年

　本章冒頭にも書かれていますが，"Hey Jude" はジョンの息子であるジュリアン・レノン（Julian Lennon）に向けてポールが書いた曲です（Jude はジョンの息子の本当の名前ではありません）。ジュリアンは 1984 年に "Valotte" というシングル曲でデビューしましたが，私は最初にこの曲を聞いたときに，声や曲調，そして歌い方がジョンにあまりにも似ているので，心底驚いてしまいました。この "Valotte" が収録されている同名のアルバムからは "Too Late for Goodbyes" や "Say You're Wrong" などがシングルカットされましたが，この 3 曲はいずれもヒットチャートに顔を出し，ラジオでも

結構聞く機会がありました。また，日本では乗用車の CM に使われたりなどもしたので，耳にされたことがある方も多いかもしれません。

　一方，ジュリアンに呼びかけたポールにとっても，1984 年は少し特別な年でした。アルバム *Give My Regards to Broad Street* からのシングルカット曲 "No More Lonely Nights" が久しぶりのヒット曲となり，こちらもかなり多くの回数ラジオでかかっていました。Hey Jude を歌った側と歌われた側とが同じ年にヒットチャートをにぎわせたということからも，何となくこの 2 人の縁を感じます。〈*O*〉

Session 13　If I Fell / This Boy

――条件法で愛にいざなう――

言語は確かな事実だけを伝えるものではなく，可能性やら疑いやら，確信やらの入り交じる思いを伝えるもの。恋に落ちそうな人間の気持ちの揺れは，条件法や助動詞の助けを得てどのように表現されるのか，初期の名作《If I Fell》の詞の世界を見ていきましょう。

ポイント　◎直説法と仮定法（条件法）　◎ would, could, might
　　　　　　　◎ more than just 〜ing　　　◎ that 節をとる動詞句

■words & phrases

fell in love：恋に落ちた

promise to be true：裏切らないと約束する

help me understand：僕が理解するのを助けてくれる

I've been in love：恋に落ちたことがある

I found that . . . ：〜ということに気づいた

more than just holding hands：ただ手をつなぐ以上のこと

　　　A is more than B.　　　　　Ａ は Ｂ 以上のこと。（意味が大きい）

　　　A is larger than B.　　　　Ａ は Ｂ よりサイズが大きい。

　＊I found で始まる過去時制の文なので，love is ではなく，love was となる。

give my heart to you：僕のハートを君に与える

I must be sure (that 〜)：〜だということが確信できないとだめだ。

《If I Fell》

A Hard Day's Night, 1964

Sung by John and Paul

If I fell in love with you,
Would you promise to be true
And help me understand?
'Cause I've been in love before,
And I found that love was more
Than just holding hands.

If I give my heart to you,
I must be sure from the very start
That you would love me more than her.

If I trust in you, oh please,
Don't run and hide.
If I love you too, oh please,
Don't hurt my pride like her.

'Cause I couldn't stand the pain,
And I would be sad if our new love
Was in vain.
（　中略　）
So I hope you see
That I would love to love you,
And that she will cry when she learns we are two.
If I fell in love with you.

from the very start：一番最初から

＊very はここでは副詞（とても）ではなく，名詞の意味を強調する形容詞。

love me more than her：彼女よりもっと僕を愛してくれる

＊厳密には，more than she did と言った方が意味が正確に伝わるが，more than her と言っても，more than you love her の意味に誤解されることはないので，音韻の関係から her が選ばれたのだろう。

trust in you：君を信じる，信頼を寄せる（trust you は「君の言うことを信用する」という軽い意味）

run and hide：逃げて隠れる

hurt my pride：僕のプライドを傷つける

like her：彼女（がした）みたいに（＝ like she did）

couldn't stand the pain：その苦痛に耐えられないだろう。

Today's heat, I can't stand it.　　今日の暑さはがまんならない。

I would be sad if . . .：〜だったら悲しくなる

in vain：無駄な，成就しない

We looked for her in vain.　　彼女を探したが見つからなかった。

I hope you see：君にわかってほしい。（＝ I hope that you see）

I would love to love you：（それが可能なら）君を愛したくてたまらない。

And that she will cry：彼女が泣くことを（＝ And [I hope] that のつながり）

when she learns we are two：僕らが二人（カップル）になったと知ったとき

＊learn は「（知らなかったことを）知る」，know は「（そもそも）知っている」。

Let's Sing

この歌のコーラスの特徴的リズム

♪	♪	♩	♩	♩	♪	♪‿♩
タ	タ	**タン**	タン	タン	タ	**ターーン**
'Cause I		**coul-** [kʊ]	dn't	stand	the	← **pain**

♪	♪	♩	♩	♩	♩	♩
タ	タ	**タン**	タン	タン	タン	**ターン**
would be		**sad**	if	our	new	**love**
If	I	**fell**	in	love	with	← **you**

Exercise 13-1　1小節4拍から成るこの歌を，拍に合わせて，下のように表記します。途中に "start that you" を書き入れてみましょう。対応する位置に同じ音韻が響いていますか？

1	2	3	4	1	2	3	4
							♪ If ♪ I
♩ give		♩ my		♩ heart			♩ to
♩ you			𝄾 ♪ I	♩ must	♩ be	♩ sure	♪ from ♪ the
♩ ve-	--	♩ ry	--				
			𝄾 ♪ would	♩ love	♩ me	♩ more	♩ than
♩ her							

Session 13　If I Fell / This Boy　**187**

■反実仮想は過去の時制で

☆例えば次の文は直説法ではなく「条件法」（仮定法）で書かれている。

　【「仮定法」については Session 9 も参照】

　　　And I **would** be sad if our new love was in vain.

　　　　新しく始まる僕らの恋が実らなかったら（is in vain ではなく，**was** in vain）

　　　　僕は悲しいだろう（will be sad ではなく，**would** be sad）。

＊その前の（'Cause）I **couldn't** stand the pain. も条件法。

　条件：（前行の内容から）君も，彼女みたいに，僕のプライドを傷つ

　　　けるなら

　　　→ I **couldn't** stand the pain.（その苦痛に耐えられないだろう）

＊the pain はまだ存在していない仮定上のものなので，「事実として耐

　えられない」と主張してしまう can't は使いにくい。

☆冒頭の 1 文も仮定上のことを過去時制で伝えている。

　　♪　　♪　　♪　　♪　　♪　　♪　　♩

　If　I　fell　in　love　with　you,　　もし君と恋に落ちたら

　would you　pro-mise　to　be　true?　真心で接すると約束してく

　　　　　　　　　　　　　　　　　　　れる？

■would, could で暗に仮定の気持ちを込める

☆条件を明示せずに，相手の意向や，こちらの気持ちを would や could

　を使って，婉曲に（ぶしつけでなく）伝える。

　　No, I won't do it.　いや，する気はないですね。

　　I **wouldn't** do it.　（私だったら）（そういう話なら）（やれと言われても）

　　　　　　　　　　　やろうとは思いません。

☆相手の意向を尋ねるときに，Will you . . .? Can you . . .? に代えて Would you . . .? Could you . . .? が多用される。

☆自分の要求を伝えるとき，I want to に代えて I would like to（I'd like to）が多用される。

  I'd like to be under the blue sky. 青い空の下へ行ってみたい。

  I'd like you to come with me. 君に一緒に来てほしい。

＊条件法にするか，直説法で済ますかは，「仮に」という気持ちが入るかどうかの問題。

  When I get older, will you still be walking with me?

   もっと年を取っても，まだ一緒に散歩していてくれる？

  （人はいつか確実に年を取るものなので直説法で）

  I **could** be handy mending your shoes.

   私も役に立つでしょうよ，あなたの靴を直すとか。

  （「もしその必要が生じたら」という軽い仮定の気持ち）

  If **I'd** been out 'til quarter to three, would you lock the door?

   （仮に僕が）3時15分前まで外にいたら，君は鍵を閉めてしまうかな？

■可能性の言い方【助動詞については Session 9 も参照】

can は「可能性がある」。否定形の can't は「可能性がない」。

  That can happen to everybody. それは誰にも起こりうる。

  That can't happen to anybody. それは誰にも起こりえない。

 （対照）事実をいう言い方

  That happens to everybody. それは誰にも起こることだ。

  That doesn't happen to everybody. それは全員に起こることではない。

＊可能性のあるなしの話は，条件法でも直説法でも意味に違いは生じない。

    That can't happen. ＝ That couldn't happen.

＊同様に，

    Can you do it?   Could you do it?

両方とも「できますか？」と物を頼んでいる点で同じ。条件法で依頼した方が，ズケズケした感じがなくてよいと感じる人もいるようだが，大差はない。

How can / could ...?（どうやったらできる）は，しばしば非難の表現に。

    How can you laugh when you know I'm sad?

        僕が悲しんでいるのを知ってるのに，どうして君は笑ってられるんだ？

    How could he do this to me?

        いったいどうしたら，私に対してこんな事ができるの（ひどい人ね）。

may は「あるかもしれない」（蓋然性がある）。

＊can と can't は正反対の意味だが，may と may not は結局同義（かもしれない＝じゃないかもしれない）

☆直説法現在の may と条件法の might も同じように使えるが，might を使うと，「もしかして〜」の感じが出て便利。

    You might like to know that the singer's gonna dance now.

        （知りたいかもしれないので）お知らせします，これから歌い手が踊ります。

Exercise 13-2 （　）の中に can, can't, might のうちから適切なもの
を入れなさい。

(1) I told you before, you （　　　　　） do that.
　　前に言っただろ，それをしたらだめなんだ。

(2) Happiness is something that money （　　　　　） buy.
　　幸せはお金では買えないものだ。

(3) I have something to say that （　　　　　） hurt you.
　　君に言うことがある。それは苦痛をもたらすかもしれないが。

《This Boy》

Single, 1963

Three-part harmony by John, Paul and George

That boy took my love away,
Though he'll regret it someday.
But this boy wants you back again.

That boy isn't good for you.
Though he may want you too,
This boy wants you back again.

Oh, and this boy (   ) be happy,
Just to love you, but oh my —
That boy (   ) be happy
Till he's seen you cry.

This boy wouldn't mind the pain,
Would always feel the same
If this boy (   ) you back again.

192

regret it：それ（僕の恋人を奪ったこと）を後悔する

want you back again：君に戻ってきてほしい

isn't good for 〜：〜のためにならない

（　　　）be happy just to：〜するだけで幸せになるだろう

Till he's seen you cry：君が泣くのを見届けるまで（完了形）

wouldn't mind the pain：たとえ苦しくても（条件法），気にしない

would always feel the same：（そうだとしても）いつも変わらぬ気持ち
　でいるだろう

Exercise 13-3　前ページの歌詞の空欄をビートルズは直説法／条件法
　　　　　　　　　のどちらで歌っているか。下のペアから正しい方を選
　　　　　　　　　んで記入しなさい。

will／would　　won't／wouldn't　　get／got

原題と邦題

　ビートルズの曲の中にはかなり意訳（？）した邦題がついている
ものも結構あります。「抱きしめたい」という邦題がついた曲の原題
が "I Want to Hold Your Hand" なのは百歩譲って許容範囲だとして
も，「恋する二人」という邦題の曲の原題が "I Should Have Known
Better"（直訳すれば「わかっているべきだった」という意味になり
ます）だったり，「嘘つき女」の原題が "Think For Yourself"（直訳
すれば「自分で考えろ」という意味になります）なのは，邦題から
原曲の題を想像するのは無理だと感じます。

　一方，原題をそのままカタカナ書きしたものを邦題にしていてか

えってわかりにくくなっているものもあります。"Being For The Benefit of Mr. Kite" の邦題を「ビーイング・フォー・ザ・ベネフィット・オブ・ミスター・カイト」ではなく「カイト氏のために」とするとか，"Do You Want to Know a Secret" を「ドゥ・ユー・ウォント・トゥ・ノウ・ア・シークレット」とするのではなく「秘密だよ」とするなどしてくれれば，もう少しわかりやすくなるのではないかなあと思ったりもします。「ベイビーズ・イン・ブラック」という邦題を聞くと，黒い産着を着た赤ちゃんが多数？！と思ってしまいかねないですが，原題は "Baby's in Black"（直訳すれば「俺の彼女は喪服を着ている」という意味）であって「ベイビーズ」は babies ではないのです。これはむしろ原題をそのままカタカナ書きにしたせいで誤解を生むと思います。

　一方，思わず感心するような邦題もあります。Session 6 で取り上げた "You're Going to Lose That Girl" の邦題が「恋のアドバイス」なのは，歌詞の内容を考えると結構うまい邦題だと感じますし，"Run For Your Life" の邦題が「浮気娘」なのも，歌詞を考えれば納得できるように思います。今回取り上げた "If I Fell" の邦題が「恋に落ちたら」なのは，最もうまい邦題のうちの一つだなあと感じます。〈O〉

Session 14

Taxman / Yellow Submarine

——ビートルズ的風刺と諧謔——

アルバム『ラバーソウル』でだいぶ趣きを変えたビートルズの歌詞は，66 年夏の日本公演後に登場した『リボルバー』で大きく展開します。《Eleanor Rigby》のような成熟した物語を語るようになったポール，《Tomorrow Never Knows》でサイケデリックな宇宙に漂い始めたジョン。その二人を押さえ，A 面第 1 曲めで鳴り出すのが，インド楽器にも習熟し，歌作りにも磨きがかかった 23 歳のジョージの曲でした。恋の歌から踏み出したビートルズの新境地を覗いてみましょう。

ポイント　◎漠然とした it　　　　　◎ Be で始まる命令文
　　　　　　　◎見かけと現実（appear の用法）
　　　　　　　◎「〜する人たち」those who . . .
　　　　　　　◎「no ＋名詞」を使った否定文

■words & phrases

Let me tell you：教えてやろう

how it will be：どうなるか

one for you, nineteen for me：あんたに 1，私に 19（配分の割合）

Should 〜：もしも（万一）〜なら

appear too small：あまりに少なく思える

be thankful：感謝しなさい

take it all：全部持っていく

get too cold：寒くなりすぎる，寒すぎると感じる

take a walk：散歩をする

《Taxman》

Revolver, 1966

Lead Vocal: George backed by John and Paul

Let me tell you how it will be:
There's one for you, nineteen for me.
'Cause I'm the Taxman,
Yeah, I'm the Taxman.

Should five percent appear too small,
Be thankful I don't take it all.
'Cause I'm the Taxman,
Yeah, I'm the Taxman.
(If you drive a car) I'll tax the street,
(If you try to sit) I'll tax your seat,
(If you get too cold) I'll tax the heat,
(If you take a walk) I'll tax your feet . . .
Taxman!

■させてよ……〈Let me ＋動詞原形〉

＊さまざまな状況でさまざまに使われる。

  Let me whisper in your ear.   →依頼（Session 2）

  Let me carry your suitcase.   →申し出

   そのスーツケース，私に持たせてください。

  Let me tell you. いいかね。 →忠告や苦言（が続く）

＊tell は「一方的な通達」を含意する「きつい」言葉であることに注意。

 ask（相手の意向を尋ねる）と対照される。

  I'm not asking you, I'm telling you.

   お願いしてるんじゃない，やれと言ってるんだよ。

空欄を埋める it

 歌詞の最初の行 Let me tell you how it will be: の it は何を指しているのでしょう。正解は Nothing。何も指していません。it は三人称単数の「人称代名詞」。何らかの名詞が入るべきところに代入する記号で，日本語の「それ」のように，何かを「指す」のではありません。そこが「指示代名詞」の this や that と異なるところです。

 英語ではどんな文にも（どんな節にも）主語が要求されますが，その主語が実際何であるのか，明確に意識しなくてはならないとしたら負担です。そこに it を置いておけば形がつく（構文が崩れない）のなら便利ですね。それが代名詞 it の機能です。人間に対して使う he や she の場合，それが誰の「代わり」をしているかはいつも意識されるでしょう。でも it は，何に対する代名詞なのか，意識せずにいられる方が便利な場合がよくあります。It's all right.（大丈夫）も，

It's raining.（アメってる＝雨が降っている）も漠然としているからこそ通じるのです。

　主語だけではなく，他動詞の目的語にも，形式的な it が使われることがあります。「ここはいかがですか？（気に入りました？）」に当たる英語は，

　　How do you like it here?

「ここに暮らすのはきついとわかりました」と答えるなら，

　　I found it hard to live here.

　like も find も他動詞なので「～を」の部分をとにかく埋めておかないといけない。それで曖昧な it が活躍するわけです。

■唯一無二のものを示す the
☆the Taxman はただの「税務署員」ではない。定冠詞 the がつき，大文字で始まっているところは the Batman と同等で，この世に一人の「課税マン」なる存在を想像させる。
☆固有名詞にも慣例的に the をつけるものがよくある。

　　the Sanriku Coast　　　三陸海岸
　　the Kitakami River　　　北上川
　　the Pacific Ocean　　　太平洋

■補語をとる動詞 appear
☆現実 reality に対して「見かけ」は appearance。その元になる動詞 appear は，単体の自動詞としては「現れる」という意味だが，補語の形容詞をとると，look や seem と同様に，「～であるように見える」という意味を帯びる。

S	V	C	adv
The amount	is	big,	actually.
額は		大きいよ,	本当は。
It	only appears	small.	
	ただ　見えるだけ,	小さく。	

■条件節をつくる should

　　Should five percent appear too small,

　　　もし 5%じゃ小さすぎるようでしたら

＊should は条件節の中で, 本来はありそうもないことを仮定するとき
　に使う助動詞。

　　If it should rain tomorrow,　　　　　　　万一雨なら／たとえ雨でも

＊しかし日本語の「万一」と同様に, 実際は軽く使われる。倒置形にし
　て if を落とすことが多い。

　　Should it rain, we can play inside.　　たとえ雨でも中で遊べる。

　　Should you need assistance, just call us.

　　　お手伝いできることがあれば, お電話ください。

　　Should you need a love that's true, it's me.

　　　真実の愛が必要になったら, 僕だからね。

■Be 動詞の命令形

　　Be thankful.　　　　　　　　　感謝しなさい。

＊〈be 動詞の原形（命令法）＋形容詞〉で, 感謝の気持ち（形容詞）
　を要求している。

Session 14 Taxman / Yellow Submarine | **199**

☆否定の命令文は，Don't be で始める。

Don't be that way.　　　そういうふうにするの，やめて。

Exercise 14-1　空欄を埋めなさい。

(1) 人にはいつもやさしく（nice）してね。

Always（　　　　）（　　　　　　）to others.

(2) 少年少女よ，野心的（ambitious）であれ。

Boys and girls,（　　　　）（　　　　　　）.

(3) おバカ（silly）であるな（バカな真似はしないで）。

Don't（　　　　）（　　　　　　）.

Exercise 14-2　ブリッジの 8 小節を抜き出してみました。これに加えて，Taxman からの要求を，あと 6 つ口にしてみましょう。

If you drive a car, I'll tax the street,

If you try to sit, I'll tax your seat,

If you get too cold, I'll tax the heat,

If you take a walk, I'll tax your feet.

(1) お湯を浴びる（take a bath）なら，石けん（your soap）に課税する。

If you _____, I'll _____.

(2) 眠る（go to sleep）ならあんたの夢（your dream）に課税してやる。

If you _____, I'll _____.

(3) あなたの子供たちが遊ぶ（your children play）なら，ゲーム（their games）に税金かけますぞ。

If _____, I'll _____.

200

(4) あなたが呼吸しようとする（try to breathe）なら，空気（the air）を課税対象にする。

If you ＿＿＿＿＿＿＿＿＿＿, I'll ＿＿＿＿＿＿＿＿＿＿.

(5) 私から逃げる（run from me）なら，あんたの脚（your legs）に課税して，

If you ＿＿＿＿＿＿＿＿＿＿, I'll ＿＿＿＿＿＿＿＿＿＿, and

(6) 妙な考えを起こす（get too smart）なら，あんたの頭（your head）に課税してやる。

if you ＿＿＿＿＿＿＿＿＿＿, I'll ＿＿＿＿＿＿＿＿＿＿.

《Yellow Submarine》

Revolver, 1966; UK #1 single
written by Paul and John, sung by Ringo

In the town where I was born,
Lived a man who sailed to sea,
And he told us of his life,
In the land of submarines.

So we sailed on to the sun,
Till we found the sea of green,
And we live beneath the waves,
In our yellow submarine.

Chorus
We all live in a yellow submarine,
Yellow submarine, yellow submarine.
We all live in a yellow submarine,
Yellow submarine, yellow submarine

The town where I was born：僕が生まれた町

A man who sailed to sea：海に出た（船乗りの）男

Told us of his life：彼の暮らしについて僕らに話した

In the land of submarine：潜水艦の国での

Sailed on to the sun：太陽めざして帆船を進めた

Till we found 〜：〜が見つかるまで

beneath the waves：波の下（海面下）で

■英語のリズムと歌の弾み

☆**強**弱**強**弱の歩格（trochaic）

　I am **he** as **you** are **he** as **you** are me and **we** are all to-**geth**-er.

☆弱**強**弱**強**の歩格（iambic）

　Who **knows** how **long** I've **loved** you. You **know** I **love** you **still**.

　実際の歌では，リズムの型を自由に設定し，それにうまくはまる歩格
　の行を作詞していく。

Exercise 14-3　太鼓のリズムに合わせて歌いましょう。

タン	タ	**ターン**	タ・**タン**・タ		**ターン**
IN	the	TOWN	where I	was	BORN
LIVED	a	MAN	who SAIL'd	to	SEA
AND	←he	TOLD	us ←of	←his	←LIFE
IN	the	LAND	of SUB-	ma-	RINES
SO	we	SAILED	on to	the	SUN
'TIL	we	FOUND	the SEA	of	GREEN
AND	we	LIVE	be-NEATH	the	WAVES
IN	←our	YEL- low		SUB- ma-	RINE

Session 14　Taxman / Yellow Submarine ┃ **203**

■関係詞による連結

N		A	
the town	——	**where** I was born	……①
町		（そこで）僕が生まれた	
the town	——	**that** I visited	……②
町		（それを）僕が訪ねた	

＊同じ「町」でも①は空間として，②は対象（動詞 visit の object）と
して意識されている。

＊②では，that の代わりに which も使われる。何もつけなくても，"I
visited" が修飾句だと認識されるならそれでよい。[→ p.131]

☆ "the town that I was born" というフレーズはおかしい。

　　× I was born the town. という文はなく，必ず **I was born in the
town.** と言うから。

☆ "the town where I visited" というフレーズもおかしい。

　　× I visited in the town. とは言わず，必ず **I visited the town.** と言
うから。

N	A	
a man	who	sailed to sea
男	←	船乗りだった
All	（that）	we need
すべて	←	僕らが必要とする

Exercise 14-4 （　　）の中に必要な関係詞を入れましょう。また，入れる必要のないものは，どれでしょうか。

(1) There's a place （　　　　） I can go when I feel low.

(2) the long and winding road （　　　　） leads to your door

(3) Let me say the words （　　　　） you long to hear.

(4) All （　　　　） you need is patience.

Session 15 She Loves You

─── 思いのこもった語りのままに ───

最後に，これまでに学んだことの総ざらいとして，アイドル時代のビートル
ズ曲のなかでも特に記憶に残るこの《She Loves You》を歌いましょう。完
璧なコミュニケーション英語でできたポップソングの古典的名作です。しか
も各行に，今まで学習してきた基本的事項が満載。歌詞をどれだけすんなり
受け止められるようになったか，試してみてください。

ポイント　◎文と強勢，感情と強調　　◎情報伝達の２つのレベル
　　　　　　　◎直接話法と間接話法　　　◎ with について
　　　　　　　◎動詞句の構造分析　　　　◎２つの時制と５つの態
　　　　　　　◎助動詞の分別

■words & phrases

your love：君の愛（する人）

told me what to say：こう伝えるよう僕に言った

can't be bad：悪い話ではありえない

should be glad：うれしがって当然

hurt her：彼女を傷つけた（動詞 hurt は，過去形も hurt）

almost lost her mind：ほとんど理性を失った

　＊almost は「もう少しで〜した」を意味する副詞

the hurting kind：人を傷つけるタイプ

with a love like that：そんな愛があるなら

《She Loves You》

UK #1 single, 1963

Sung in harmony by Paul and John

You think you've lost your love,
Well I saw her yesterday.
It's you she's thinking of,
And she told me what to say.

She says she loves you,
And you know that can't be bad.
Yes, she loves you,
And you know you should be glad.

She said you hurt her so
She almost lost her mind,
But now she says she knows
You're not the hurting kind.

She says she loves you,
And you know that can't be bad.
Yes, she loves you,
And you know you should be glad.
(Oo)

She loves you, yeah, yeah, yeah,
She loves you, yeah, yeah, yeah.
And with a love like that,
You know you should be glad.

Session 15　She Loves You　|　**207**

☞初期ビートルズの歌が，あれほどの興奮を巻き起こした理由の一つに，
　彼らの歌が，感情のこもった語りそのもののようなリズムを持ってい
　た点が挙げられます。発話をそのまま，ビートと音程のついたソング
　にしてしまう若きソングライターズの技を確認していきましょう。

■発話の強勢

☆単語内のどの音節を強く発音するかは，アクセント記号によって示さ
　れる。これは固定したルール。
　　a-pol-o-gy［əpólədʒi］：謝罪（弱強弱弱）
　　a-pol-o-gize［əpólədʒàɪz］：謝る──弱強弱強のリズムで，最後を
　　下げる。

☆それとは別の（会話文全体の）レベルで，話者の気持ちの昂揚に応じ
　て強く発音される語が，その都度，生じる。

　　She **loves** you.　　　　　　　おまえ，**愛されてる**よ。

　　She loves **you**.　　　　　　　愛してるの**おまえ**だって。

☆より明確に you を強調する場合は，It's you で文を始める。

　　It's **you** that she loves.　　　**おまえ**だよ，あの子が愛してるのは。

　　It's **you** she's thinking of.　　**おまえ**なんだ，想ってるのは。

■強調の It's you. It's me.【Session 12 参照】

☆強調したい単語を it's の後につけて前に出すことができる。

　　She's thinking of you.　→　It's **you**（that）she's thinking of.
　　　　　　　　　　　　　　　　彼女が思っているのはきみだ。

　　She said it to me.　　→　It was **me**（that）she said it to.
　　　　　　　　　　　　　　　　彼女がそれを言った相手は僕だ。

Exercise 15-1　強調する語を It's の後につけて先に言う練習です。

(1) She chose me.　　　　　　→　It's（　）that she chose.

(2) I'm in love with you.　　　→　It's you I'm（　）（　）（　）.

(3) John was looking at you.　→　It was you John（　）（　）（　）.

Exercise 15-2　次の英語文を発音し，歌として聞いてから，そのリズ
　　　　　　　　　ムに合わせてもう一度言ってみましょう。

(1) Well, I saw her yesterday.
　　きのう彼女に**会った**んだけど。

(2) And she told me what to say.
　　俺に言ったよ，こう**伝えて**って。

(3) She says she loves you, and you know that can't be bad.
　　そうなんだ，**おまえを**愛してる。それさ，**bad** じゃないよね。

■対人発話の構造

☆情報伝達の視点で見ると，相手を目の前にして話をするときには，次
　の二つのレベルの情報が常に交錯していることがわかる。

　　（1）ベタな情報：事実として受け止められるべき内容

　　（2）メタレベルの情報：やりとりされる情報についての情報

☆日本語は通常，ベタな伝達から入り，メタな処理で締める。

　　ジェーンは君を愛してるんだってね，知ってた？

　　　　　　　　　　　　　　伝聞の共有，メタレベルの問い

＊英語で she says, you know, I think などのフレーズは，文頭，文中，
　文末に，副詞句のように自由に差し挟むことができる。

＊次のような例で，you know は，相づちを求める日本語の文尾「よね」
や「だろ」と同じように使われている。

That can't be bad, you know.　　　　それ悪いはずない，よね。

間投詞／接続詞	メタな言及	ベタな情報
Well	you think	you've lost your love.
And	she told me	(what to say).
	She says	she loves you,
and	you know	that can't be bad.
And	you know	you should be glad.

■直接話法と間接話法【Session 7 も参照】

☆伝聞として話す場合の「間接話法」は，当人が「直接話法」で話した
　こととは，人称も時制も異なる。

　　Hey, Tom, Jane said that she wanted to see you.

　　←　Jane:"I want to see Tom."

Exercise 15-3　伝聞の話をもとに，想像される彼女の発言を再現しな
　　　　　　　　　さい。

She said you hurt her so she almost lost her mind.

But now she says she knows you're not the hurting kind.

"He hurt （　　　　　）so I almost lost （　　　　　）mind.

But now （　　　　　）know （　　　　　）not the hurting kind."

Listen 《She Loves You》 の verse 3 から

You know it's up to you.
I think it's only fair.
Pride can hurt you, too.
Apologize to her.

Because she loves you,
And you know that can't be bad.
She loves you,
And you know you should be glad.
(Oo)

She loves you, yeah, yeah, yeah,
She loves you, yeah, yeah, yeah.
And with a love like that,
You know you should be glad.

Useful Expressions

It's up to you.	君次第だ。
It's only fair.	公平であるだけだ。→文句ないだろ。
Pride can hurt you.	プライドは君を傷つけうる。
	→時には譲らないと痛い思いをする。

Session 15　She Loves You　|　**211**

apologize to 〜 　　　　　　〜に謝る。apologize は自動詞。

　　I'm sorry. I was wrong. I apologize.

　　　ごめん。僕が間違えてた。あやまるよ。

■with の研究

☆基本は近接の空間詞（共にある，ついている）

　　I'm with you.　　　　　　　　私はあなたと共にある。

　　　　　　　　　　　　　　　　　（共感，理解のメッセージ）

☆所持のニュアンス

　　the boy with blue eyes　　　　青い目をしたその少年

　　I was born with a jealous mind.　俺は嫉妬深い心を持って生まれた。

☆〜に関して

　　He is careful with money.　　　彼はお金に関して注意深い。

☆「〜があるから／いるから」「〜があれば／いれば」という含意をも
　って接続する句を作る。

　　I get by with a little help from my friends.

　　　友達からちょっと助けてもらってやっています。

　　With a love like that you should be glad.

　　　そんな恋があるんだから，もっとうれしがらなくちゃ。

Exercise 15-4　（　　）の中に適切な語を入れて，次の内容を英語で言
　　　　　　　　　いなさい。

（1）君を自由にする。彼と一緒に行きなよ。

　　I will set you free. Go （　　　　　）（　　　　　）.

(2) 私たちと一緒にあなたを家までお連れしたい。

    We'd like to take you home （   ） （   ）.

(3) 君が僕のわきにいたら，幸せな気持ちでいられるだろう。

    I could be happy （   ） （   ） by my side.

(4) 彼らは家庭を築いて，子供たちが 2，3 人庭を走り回っている。

    They have built a home, （   ） a couple of kids running in the yard.

■動詞句の構造

☆動詞句は，「法」と「時制」を備え，「助動詞」と「本動詞」とそれらに付随する語から成る。

☆法（mood）は次の 3 つのどれか。

  ○直説法──する／しない，である／でないなどに二分しながら物事を伝え，思いを述べる法。

    例：I am strong.

  ○条件法（仮定法）──直説法が内包するストレートな言明を棚上げして想像上のことを述べたり，一歩引いた表現をする法。

    例：I wish I were strong.

  ○命令法──叙述せず，動詞の原形によって相手に行動を促す法。

    例：Be strong.

☆英語の時制（tense）は「現在」と「過去」の 2 通りと考える。

＊現在の意志や推量に用いる助動詞 will を，時制と関係づけて，「未来時制」というカテゴリーを作る必要性が，英語自体には見られない。

I will do it tomorrow.	明日やろう（現在の意志）
I thought I would do it yesterday.	昨日やろうと思ったんだ（過去の意志）

＊不確定な未来のことを推測して言うとき will を用いる。

    There will be much rain this summer.　　この夏は雨が多いだろう。

☆英語の助動詞には2系列ある。

○話者の判断を加える：can, may, must, should, will の類

○文法機能を担う助動詞に次の3種がある：

  do [does, did]; **be** [am, are, is, was, were]; **have** [has, had]

  do ＋原形──強調（実際〜だ）

    She **does** love you.　　　　彼女は君を愛しているんだ。

                         （愛していないんじゃない）

  be ＋過去分詞──受身（された）／現況（ている）

    She **isn't** loved much.　　　彼女はあまり愛されていない。

    Her parents **are** gone.　　　彼女の両親はいなくなった。

  be ＋現在分詞──進行（しつつある）

    She **is** trying to be loved.　　彼女は愛されようと努力している。

  be ＋ to 不定詞──未然／予定（するのはこれから）

    She **is**（going）to love somebody.　　この先誰かを愛するだろう。

  have ＋過去分詞──完了／経験（し終わった，したことがある）

    She **has** loved many.　　　彼女はこれまで多くの者を愛してきた。

  have ＋ to 不定詞──義務／拘束（しなくてはならない）

    She **has** to love somebody.　誰かを愛さなくてはならない／いられない。

☆本動詞の「時態」（まだ／いま／すでにの別を明示する形）として，未然（to 不定詞），進行（現在分詞），完了（過去分詞）の3態を区別する。【「時の3態」「2つの時制」については Session 8 を参照】

時態なし（現在・過去時制の単純形）

	He cooks.	彼，料理するの。
	I ate.	食べたわよ。
原形	Let me **see**.	見せて。
未然	I'm ready **to go anytime**.	いつでも行けるよ。
進行	You're **hiding**.	あなた，隠れてるのね。
完了	I've **done** it.	できた（やり終えた）。
	I'm **finished**.	僕は終わりだ。

《She Loves You》の動詞句の分析

	法	判断の助動詞	機能的助動詞	時制	本動詞の時態
You think	直説			現在	think
you've lost your love.	直説		have	現在	完了　lost
I saw her yesterday.	直説			過去	saw
It's you	直説			現在	's (is)
she's thinking of.	直説		is	現在	進行　thinking
She told me	直説			過去	told
what to say.	―			―	未然　to say
She says	直説			現在	says
she loves you.	直説			現在	loves
You know	直説			現在	know
that can't be bad.	直説	can't		現在	原形　be
You should be glad.	条件	should		過去*	原形　be
Pride can hurt you, too.	直説	can		現在	原形　hurt
Apologize to her.	命令			―	原形　apologize

＊かつての英語では，意志を表す助動詞 will となりゆき（運命）を表す助動詞 shall が対照の関係をなし，それぞれの過去形が would，should だった。shall の使用が極めて限定的になった今，should に過去のニュアンスはない。

寄稿　ビートルズで世界が変わった

佐藤良明

　ビートルズはどうしてあの時期に，あのような存在として登場し，あのような音楽をプレイし，それに対して世界はなぜあれほど騒いだのでしょう？　ちょっとカッコつけていうと，歴史はどうして，いかにして，彼らを抱き込むことで変わっていったのか？

　ビートルズ以前は──少なくとも 20 世紀のメディア大衆社会の出現以前は──「文化」といえば「ハイカルチャー」を指しました。コンサートホール，オペラハウス，劇場，画廊，文学サロン等で営まれた「文化的な香りの高い」文化です。

　しかし下の階級の人たちにも，彼らの「文化」はあった。『タイタニック』という映画はご存じですか？　レオナルド・ディカプリオ演じる貧乏絵描きが，上のデッキにいる令嬢（ケイト・ブランシェット）を，三等の階に連れてくるシーンがあります。音楽は，ヨハン・シュトラウスから，騒がしいフィドルの舞曲へ一転。ケイトも一緒に足を踏みならして踊ります。（この音楽，可能ならメロディも聞き取ってみてください。普通のドレミファの音階とは違いますね。）とにかく，お嬢さまが汚い身なりの男と一緒にいたりすると「虫が付く」と言われた時代です。その「虫」が，50 年後，4 人のキュートなカブトムシとして，イギリス中・世界中の子を踊らせ，叫ばせ，失神するほどの興奮に駆り立てたことを考えてみましょう。

　レオは招かれたディナーの席でも物怖じせず，上流社会の人に刺さる言葉でしゃべります。そんな映画が共感と感動を呼ぶのは，時代が変わったからでしょう。いつからかと言えば，ビートルズが王室を含む観客

寄稿　ビートルズで世界が変わった　｜　**217**

の前でプレイして，女王陛下のいる前でジョンがけっこう辛辣なジョークを吐き，それで場がなごんだ，そのときからだと私は感じています。[この出来事を詳しく知りたい人は，"rattle your jewelry"（宝石をじゃらじゃら）で検索してみてください。]

　ビートルズが来日した 1966 年，多くの学校で生徒がコンサートに行くのを禁じたのはなぜか。子供たちを「文化的な」人間に育てることを使命と考える先生たちにとって，それが当然だったからでしょう。今見れば何でもない髪型が，長いというだけで「蛮人」を連想させた時代があったのです。おまけに彼らは正真正銘「下層」の出身でした。

　ジョンのお父さんアルフは，ちょうどタイタニックが出航した 1912 年の生まれです。孤児院で育った彼は，不自由な足で芸人などやっていましたが，ジョンが小さいときに妻子を置いて出て行ってしまいます。リンゴも同じ境遇で，母とその再婚相手に育てられる。ポールのお父さんジムは，庶民の集まるミュージック・ホールで楽器を弾き，ジョージのお父さんハリーは，バスの運転手をはじめ，いろいろな仕事をこなしていました。

　そのまた祖先を遡っていきましょう。アルフ・レノンの（父方の）祖父と，ジム・マッカートニーの（父方の）曾祖父は，ネットサイトから得られる情報によれば，どちらも 1840 年代に祖国アイルランドを離れてブリテン島に来たらしい。当時のアイルランドは酷いジャガイモ飢饉で，人口の多くが島を離れて北米等に向かった頃です。ニューヨークにスラムが広がり，近くの劇場で，顔を黒塗りにしたアイルランド系のグループが，黒人楽器のバンジョーやタンバリンで歌い始めたのもその頃。これがミンストレル・ショーの始まりです。

　その頃，アメリカ南部は黒人奴隷を使った綿花栽培で富を築く農園経営者が続出します。その綿花は，メンフィスやニューオーリンズの港を

出て，リヴァプール港に入り，機械の並ぶ工場で糸になり，織物になり，大英帝国に多大な富をもたらします。米南部とリヴァプールを結ぶ航路は，この時期の世界最大のビジネスラインといえるものでした。この時代（ヴィクトリア朝）の勝ち組が，市街のオペラハウスで，どういう音楽で自分たちを飾ろうとしたか，想像はつきますね。

フィドルによる庶民の音楽は，むしろ下層階級が流れていった北米大陸で活気づくことになります。ここで欠かせないのは，綿花畑から都会へ出て行った黒人たちの存在です。リズム感に優れた彼らはラグタイムやジャズを生み出し，それが1920年代のポピュラーソングに取り入れられる。すでにレコードの時代だったので，流行もすぐに伝わる。ポールの父ジムも，ジャズソングを好んで演奏したのでしょう。

レコードは米国南部の田舎町にも浸透します。そしてブリテン島やアイルランドの古謡を歌い続けた移民の子孫と，アフリカ系住民のリズム感とがブレンドされて，ブルース，ブルーグラス，ブギウギなどのジャンルが花開くことになります。

ロックンロールは，黒人たちが都会で練り上げたリズム＆ブルースに，1950年代の若い白人層が飛びつき，自ら演奏するようになって生まれたジャンルです。カッコイイもの，気持ちいいもの，ちょっとワルなものが消費を焚きつける。そんな中でジョンもポールもバンドを組んで演奏するようになります。それは茨の道でした。めちゃくちゃハードなギグを続けて彼らはサヴァイヴします。

メンフィスとリヴァプールを結んだ線上に，新たな音楽ビジネスが開花していきます。黒人たちの歓楽の都メンフィスで育った貧乏白人のエルビスから，さびれた港町の悪ガキたちへ。ちょっと前まで「音楽」をやるなんてありえなかった兄ちゃんたちが，渦の中心になる。

歌も結局，織物です。ビートルズがふつうの女子中学生層に大興奮を

もたらすには，ロックンロールの野卑なところを，より親しみやすい歌
メロディでカバーする必要がありました。「プリーズ・プリーズ・ミー」
や「オール・マイ・ラヴィン」の旋律を思い出してみましょう。明るい
唱歌風ですね。スーツを着て，丁寧にお辞儀をしてプレイするという，
ロックンロールにあるまじき（？）ステージぶりにも，ちゃんと理由が
あったのです。次第に彼らはアイドルを脱皮し，芸術志向の青年たちの
ヒーローになっていきます。その過程を，私たちは「中期ビートルズ」
として位置づけ，そのすばらしい音楽的冒険を味わってきました。

　ビートルズがなぜあの時期に出現したのか，という最初の問いに戻れ
ば，1960年代という時代が，産業の形態が変わる歴史の端境期だったか
らでしょう。工場で物を作ることから，消費者の心を満たすことへ，経
済の主軸が動いた。快感に震え，幻想を膨らます若者たちが，団塊をな
して成長し，大きな市場を作ったことも大きな要因です。綿糸ではなく，
文化を織るビジネスが社会のしくみや道徳のあり方を変えたわけです。

　もちろん，彼ら自身の才能と根気とチームワークが並外れたものだっ
たからこそ成功があったわけです。ビートルズの出現は，階級制度が緩
んで，メディア大衆消費社会が出現したことを象徴する出来事でしたが，
旋風が吹いたのはほんの数年間のこと。世界が変わった後は，どんなア
ーティストもレジェンドとして残るしかありません。自分たちの音楽を
吸収して育った世代が人生を歩んでいく中で，世の常識が塗り替えられ
ていくのを見守るだけ……。それにしても，70年代，80年代，90年
代……と，メンバーの死をものともせずに時代を生き抜き，今日になっ
てもこれだけ聴かれているビートルズの音楽は，ほんとうに特別です。
どうしてそんなに特別なのか，私も60年ほど考えてきました。この授
業でもいろいろ申しましたが，ほんとうのところはわかりません。20
世紀の神秘といえるでしょう。

Exercises の答え

Exercise 1-1　(1) 11　　(2) 9 または 10

Exercise 1-2　(1) 3　　(2) 3　　(3) 3　　(4) 2

Exercise 1-3　red と bed, および blue と you

Exercise 1-4　(1) Mail the whip.　　(2) Stop the sea.
　　　　　　　　(3) Grip the Pope.　　(4) Cook that pea.

Exercise 1-5　略

Exercise 2-1　略

Exercise 2-2　略

Exercise 2-3

	S (Who)	V	O (what / who)	adv (where / when)
(1)	I	saw	her	yesterday.
(2)	I	have	a pen	in my hand.
(3)	We all	live	—	in a yellow submarine.

Exercise 2-4　(1) me copy　　(2) to test　　(3) to practice

Exercise 3-1　(1) Because the world is (hot), it [burns my heart].
　　　　　　　　(2) Because the swan is (white), it [makes me sad].
　　　　　　　　(3) Because the sun is (bright), it [blinds my eyes].
　　　　　　　　(4) Because the price is (low), I'll [buy more].

Exercise 3-2　略

Exercise 3-3　略

Exercise 3-4　名詞：glue, gold, blue, light(光), lie, cry, hate, gate, toy, boy
　　　　　　　　形容詞：old, new, cold, gold, blue, light (軽い), bright
　　　　　　　　＊色名は名詞であると同時に形容詞。

Exercise 3-5　(1) (Birds) are chirping in the trees.
　　　　　　　　(2) (The sky) is beautiful.

Exercises の答え | **221**

(3)（ Love ）will save the world.

Exercise 4-1
(1) <u>Shake</u>, <u>Twist</u>, <u>shout</u>

(2) <u>fly</u>

(3) <u>Remember</u>, <u>Don't forget</u>

(4) <u>don't be</u>, <u>don't</u> you <u>be</u>

Exercise 4-2 <u>Please</u> please me, woh, year, like I please you.

Exercise 4-3 (1) you were　　(2) I'm

Exercise 4-4 解答例：
お願いだ，言ってくれ／君の彼氏にしてくれると
それと頼む，言ってくれ／君の手を握らせてくれると
さあ，君の手を握らせて
君と手をつなぎたいんだ

Exercise 5-1 略

Exercise 5-2 (1) where　　(2) what, what, what

Exercise 5-3 (1) Do you know where he went?

(2) Do you know when they start playing?

(3) Do you know how we got here?

(4) Do you know why he's tired?

Exercise 5-4 (1) how much　　(2) how much　　(3) how many

Exercise 5-5 (1) Baby, are you a rich man?

(2) Do I need you?

(3) Is happiness a warm gun?

(4) Does she love you?

(5) Is she a woman?

Exercise 5-6 (1) I don't want to spoil the party.

(2) I don't wanna be your man.

（3）I'm not a loser.

（4）I won't follow the sun.（I will not follow the sun.）

（5）You won't see me.（You will not see me.）

Exercise 6-1 略

Exercise 6-2 略

Exercise 6-3 （1）if you　　（2）If you　　（3）if I don't

Exercise 6-4 （1）副詞　　（2）補語（形容詞）　　（3）副詞

Exercise 7-1 （1）I wanted to hold your hand.

（2）She said she loved you.

（3）I was so tired, I didn't want to walk any more.

Exercise 7-2 （1）Give（me）（more）. Hey, hey, hey, give（me）（more）.

（2）I give（her）all my（soup）.

（3）Money can't buy（me）（love）.

Exercise 7-3 （1）to know　　（2）to be

Exercise 7-4 （1）are　　（2）is　　（3）Is

Exercise 7-5 told, worked, started, told, didn't, crawled

Exercise 7-6 "（I）（work）in the morning. Do you?"

"No,（I）（don't）"

Exercise 7-7 （1）A　　（2）N　　（3）adv

Exercise 8-1 （1）may, will　　（2）must　　（3）must, will　　（4）will

Exercise 8-2 （1）I（had）to dance.　　（2）I（was）going to dance.

（3）I（was）dancing.　　（4）I（had）danced.

Exercise 8-3 完了形：'ve seen（見たことがある）

　　　　　　　've been（～だったことがある）

Exercises の答え | **223**

　　　　　　've cried（泣いたことがある）

　　　　　　've tried（試みてきた）

　　　＊どれも過去の経験を振り返っての表現。

　　　命令法：6 行めの Lead,

　　　　　　　最後の 2 行の Don't keep と Lead

Exercise 8-4 （1）leave　　（2）Leave　　（3）keep

Exercise 9-1 略

Exercise 9-2 （1）(What)(happened) yesterday?

　　　　　　（2）(What) will (happen)(tomorrow)?

　　　　　　（3）(Who)(telephoned)? または (Who)(called)?

　　　　　　（4）(Who)(came)?

Exercise 9-3 9 つの［aɪ］の音はどれも強いアタックを伴っていたが，

　　　　　　とりわけ激しいのは real<u>i</u>ze, <u>I</u>, g<u>u</u>y; l<u>i</u>es, <u>I</u>, repl<u>y</u>

Exercise 9-4 （1）I love you more than yesterday.

　　　　　　（2）I love you more than anybody in the world.

　　　　　　（3）I love you more than any other guy.

　　　　　　（4）I love you more than words can say.

Exercise 9-5 （1）You don't realize (how much) I need you.

　　　　　　（2）You'll never know (how much) I really love you.

Exercise 10-1 略

Exercise 10-2 略

Exercise 10-3 （1）Molly is the (singer)(in) a band.

　　　　　　（2）Molly (sings)(in) a band.

Exercise 10-4 （1）Penny Lane is (in) my ears and (in) my eyes.

　　　　　　（2）I'm (in) love with her, and I feel fine.

　　　　　　（3）(with) love (from) me (to) you

(4) (under) the sea, (in) an octopus's garden (in)
the shade

*under の代わりに beneath も同義。in の代わりに
near（近く）など，実はいくつもの正解が考えられる。

Exercise 10-5
(1) I could be happy with { you by my side }.
(2) the girl with { the sun in her eyes }
(3) when I saw { her standing there }

Exercise 11-1
(1) (I've) (been) waiting here for him.
(2) Many times (she's) (been) alone, many times
she's cried.
(3) (He's) (been) good to me.
(4) She can't sleep at night, since (you've) (been)
gone.

Exercise 11-2
(1) It's (been) a long time, now she's coming back
home.
(2) (I've) been away.
(3) (It's) (been) a long, long, long time.

Exercise 11-3
(1) a)   (2) b)

Exercise 11-4
略

Exercise 12-1
(1) Green is the color that will (make) me blue.
(2) Give us a wink and (make) me think of you.
(3) (Let) me take you down, 'cause I'm goin' there.
(4) Come closer, (let) me whisper in your ears.

Exercise 12-2
(1) Remember to let her into your heart.
(2) Then you can start to make it better.
(3) You were made to go out and get her.

Exercises の答え | **225**

Exercise 12-3 (1) I (give) her all my love.

(2) And if you (saw) my love

(3) You'd (love) her too.

(4) I (love) her.

Exercise 12-4 (1) It's Mother Mary who comes to me.

(2) It's the words of wisdom that she is speaking.

Exercise 13-1

1	2	3	4	1	2	3	4
							♪ ♪ If I
give		my		heart			to
you			I	must	be	sure	from the
ve-	--	ry	--	*start*			*that*
you			would	love	me	more	than
her							

Exercise 13-2 (1) can't   (2) can't   (3) might

Exercise 13-3 Oh, and this boy (would) be happy just to . . .

That boy (won't) be happy till . . .

If this boy (gets) you back again.

Exercise 14-1 (1) be nice   (2) be ambitious   (3) be silly

Exercise 14-2 (1) If you take a bath, I'll tax your soap.

(2) If you go to sleep, I'll tax your dream.

(3) If your <u>children play</u>, I'll <u>tax their games</u>.

(4) If you <u>try to breathe</u>, I'll <u>tax the air</u>.

(5) If you <u>run from me</u>, I'll <u>tax your legs</u>, and

(6) if you <u>get too smart</u>, I'll <u>tax your head</u>.

Exercise 14-3　略

Exercise 14-4
(1) There's a place（where）I can go when I feel low.

(2) the long and winding road（that）leads to your door

(3) Let me say the words（　　　）you long to hear.

＊that を入れてもいいが省略可能。

(4) All（　　　）you need is patience.

＊that を入れてもいいが省略可能。

Exercise 15-1
(1) It's（me）that she chose.

(2) It's you I'm（in）（love）（with）.

(3) It was you John（was）（looking）（at）.

Exercise 15-2　太字の語が強くなります。

(1) Well, I **saw** her yesterday-ay.

(2) And she **told** me what to say-ay.

(3) She says she loves **you**, and you know that can't be **bad**.

Exercise 15-3　"He hurt（me）so I almost lost（my）mind.

But now（I）know（he's）not the hurting kind."

Exercise 15-4
(1) with him　(2) with us　(3) with you　(4) with

本文中の見出し項目一覧

I　Songs of Fun and Ecstasy
Session 1　All Together Now
──さあ，ご一緒に──　24
■日本語にない子音　26
■母音にも注意　27
■英語の音節，日本語のモーラ　28
■音節の強弱とリズム　29
■オモテ拍，ウラ拍　30
■ライミング（押韻）　30
■ヴァース，ブリッジ，コーラス　31
■文　32
■命令文　32
■"Can I" で許可を求める　33
■拍のオモテとウラ　33

Session 2　Do You Want to Know a Secret?
──歌いかける英語──　37
■8 ビートに乗る　39
■音節（syllable）　40
■対人表現の基礎　42
■シンタクス　43
■英語と日本語の構文の違い　45
■動詞と後続名詞の強い結合（V−O）　47
■動詞と場所の副詞の結合（V−adv）　48

Session 3　Because
──be と do の宇宙──　51
■be 動詞と do 動詞　52
■節と接続詞　54
■world の発音　55
■名詞・名詞句・名詞節　58

Session 4　All My Loving
──僕から君へのメッセージ──　61
■4 ビート　63
■命令文と平叙文　64
■Please のついた依頼文　65
■意志を示す助動詞 will　66
■接続詞 while　66
■助動詞 will の広い用法　67
■「動詞＋ing」について　67
■依頼表現としての Will you . . . ?　69
■will not ＝ won't［woʊnt］　69
■動詞に ing をつけると〈進行中〉や〈継続〉の意味が加わる　70

Session 5　Hello, Goodbye / Love Me Do
──Yes と No の行き別れ──　72
■ウラの拍取り　74
■英語の根幹：SVO 構文　74
■I don't know（who, what, where, when, why, how）　76
■Yes と No　77
■真実にこだわる do　79
■強調文，疑問文，否定文　80

II　Songs That Tell a Story
Session 6　You're Going to Lose That Girl / When I'm Sixty-Four
──さもないと，こうなるよ──　90
■going to：どうなる，どうする，どこへ進む　91
■現在進行形　93
■動詞と副詞　93
■接続詞 if がつくる「条件節」　94

- ■find her gone　96
- ■ネクサスをとる動詞の例　97
- ■補語と副詞　97
- ■副詞節と名詞節　98
- ■「when 節」の時制　101

Session 7　Norwegian Wood
──ある一夜の物語──　105
- ★Isn't it?　107
- ★It's time for N　107
- ■スローな強弱弱　108
- ■動詞の過去形　108
- ■対人行為の動詞（与える，送る，買う，見せる，など）　109
- ■対人要求の動詞　110
- ■V-〈where〉，V-〈when〉　111
- ■補語でつなげる　112
- ■There is / are ～［There was / were ～］112
- ■時制の一致　113
- ■助動詞 do の代用用法　114
- ■不定詞（to V）の多機能ぶり　115

Session 8　I'll Follow the Sun /
　The Long and Winding Road
──太陽と時制を追いかけて──　118
- ■R の音／L の音　120
- ■助動詞 will, may, must　120
- ■時の 3 態：未然，進行，完了　121
- ■完了したこと＝ have ＋過去分詞　122
- ■時制と時態　124
- ■不変的な事実の表現　126
- ■活発な動詞の活用　128
- ■「経験したことがある」─現在完了の含意　129
- ■keep と leave　129

- ■「君のドアに続く道」─英語の「連体」接続　130

Session 9　No Reply
──ジョンの嫉妬表現──　132
- ■自動詞　135
- ■移動の自動詞と空間表現　136
- ■知覚動詞とネクサス　137
- ■副詞のつけ方　138
- ■副詞と名詞　139
- ■If I were you　141
- ■助動詞 would　141
- ■程度と比較の表現　142

Session 10　Ob-La-Di, Ob-La-Da
──物語にもノリがある──　145
- ■日本語にない発音　146
- ■強弱の韻律　147
- ■三人称の物語　148
- ■〈where〉の情報　149
- ●空間詞で始まる句：前置詞句　150
- ■「誰に言う」「どこをつかむ」　150
- ■前置詞 with で状況描写を加える方法　154
- ■節と句とネクサス　155

Ⅲ　Songs with Colorful Emotions
Session 11　A Hard Day's Night /
　Here Comes the Sun
──きつい一日の終わりに──　164
- ■継続状態の完了　166
- ■時間の表現法　167
- ■助動詞と進行形の組み合わせ　168
- ■worth it の使い方　168
- ■Why should I ～?　169
- ★Here comes . . .　171
- ★It feels like years　171

本文中の見出し項目一覧 | **229**

Session 12　Hey Jude
──励ましのメッセージ──　174
■make と let　176
■動詞＋ to 不定詞（意味の流れを追う）
　176
■受け身（受動態）：be ＋過去分詞　177
■接続詞 the minute　178
■It's で始めるハイライト文　180

Session 13　If I Fell / This Boy
──条件法で愛にいざなう──　183
■反実仮想は過去の時制で　187
■would, could で暗に仮定の気持ちを込め
　る　187
■可能性の言い方　188

Session 14　Taxman / Yellow Submarine
──ビートルズ的風刺と諧謔──　194
■させてよ……〈Let me ＋動詞原形〉　196
■唯一無二のものを示す the　197
■補語をとる動詞 appear　197
■条件節をつくる should　198
■Be 動詞の命令形　198
■英語のリズムと歌の弾み　202
■関係詞による連結　203

Session 15 She Loves You
──思いのこもった語りのままに──　205
■発話の強勢　207
■強調の It's you. It's me.　207
■対人発話の構造　208
■直接話法と間接話法　209
■with の研究　211
■動詞句の構造　212

使用楽曲著作権許諾一覧

Session 1 （p.25） ALL TOGETHER NOW

John Lennon / Paul McCartney

©Sony Music Publishing （US） LLC. All rights administered by Sony Music Publishing （US） LLC., 424 Church Street, Suite 1200, Nashville, TN 37219. All rights reserved. Used by permission.

The rights for Japan licensed to Sony Music Publishing （Japan） Inc.

Session 1 （p.34） BIRTHDAY

John Lennon / Paul McCartney

©Sony Music Publishing （US） LLC. All rights administered by Sony Music Publishing （US） LLC., 424 Church Street, Suite 1200, Nashville, TN 37219. All rights reserved. Used by permission.

The rights for Japan licensed to Sony Music Publishing （Japan） Inc.

Session 2 （pp.38-39, 49） DO YOU WANT TO KNOW A SECRET

John Lennon / Paul McCartney

©Sony Music Publishing （US） LLC. All rights administered by Sony Music Publishing （US） LLC., 424 Church Street, Suite 1200, Nashville, TN 37219. All rights reserved. Used by permission.

The rights for Japan licensed to Sony Music Publishing （Japan） Inc.

Session 3 （p.52） BECAUSE

John Lennon / Paul McCartney

© 1969 Sony Music Publishing （US） LLC. All rights administered by Sony Music Publishing （US） LLC., 424 Church Street, Suite 1200, Nashville, TN 37219. All rights reserved. Used by permission.

The rights for Japan licensed to Sony Music Publishing （Japan） Inc.

Session 4 （pp.62-63, 70） ALL MY LOVING

John Lennon / Paul McCartney

© 1964 Sony Music Publishing （US） LLC. All rights administered by Sony Music Publishing （US） LLC., 424 Church Street, Suite 1200, Nashville, TN 37219. All rights reserved. Used by permission.

The rights for Japan licensed to Sony Music Publishing （Japan） Inc.

Session 4 （p.65） PLEASE PLEASE ME

PLEASE PLEASE ME

Words & Music by JOHN LENNON / PAUL MCCARTNEY

©Copyright 1962 by UNIVERSAL / DICK JAMES MUSIC LTD.

All Rights Reserved. International Copyright Secured.

使用楽曲著作権許諾一覧 | **231**

Print rights for Japan controlled by Shinko Music Entertainment Co., Ltd.

Session 4 (p.69) I WANT TO HOLD YOUR HAND
John Lennon / Paul McCartney
© 1963 Sony Music Publishing (US) LLC. All rights administered by Sony Music Publishing (US) LLC., 424 Church Street, Suite 1200, Nashville, TN 37219. All rights reserved. Used by permission.
The rights for Japan licensed to Sony Music Publishing (Japan) Inc.

Session 5 (p.73) HELLO GOODBYE
John Lennon / Paul McCartney
© 1967 Sony Music Publishing (US) LLC. All rights administered by Sony Music Publishing (US) LLC., 424 Church Street, Suite 1200, Nashville, TN 37219. All rights reserved. Used by permission.
The rights for Japan licensed to Sony Music Publishing (Japan) Inc.

Session 5 (p.79) LOVE ME DO
John Lennon / Paul McCartney
© 1962 MPL Communications Limited
The rights for Japan licensed to Sony Music Publishing (Japan) Inc.

Session 6 (pp.91, 95) YOU'RE GOING TO LOSE THAT GIRL
John Lennon / Paul McCartney
©Sony Music Publishing (US) LLC. All rights administered by Sony Music Publishing (US) LLC., 424 Church Street, Suite 1200, Nashville, TN 37219. All rights reserved. Used by permission.
The rights for Japan licensed to Sony Music Publishing (Japan) Inc.

Session 6 (p.100) WHEN I'M 64
John Lennon / Paul McCartney
©Sony Music Publishing (US) LLC. All rights administered by Sony Music Publishing (US) LLC., 424 Church Street, Suite 1200, Nashville, TN 37219. All rights reserved. Used by permission.
The rights for Japan licensed to Sony Music Publishing (Japan) Inc.

Session 7 (pp.106, 113) NORWEGIAN WOOD
John Lennon / Paul McCartney
© 1965 Sony Music Publishing (US) LLC. All rights administered by Sony Music Publishing (US) LLC., 424 Church Street, Suite 1200, Nashville, TN 37219. All rights reserved. Used by permission.
The rights for Japan licensed to Sony Music Publishing (Japan) Inc.

Session 8 (p.119) I'LL FOLLOW THE SUN

John Lennon / Paul McCartney

©Sony Music Publishing (US) LLC. All rights administered by Sony Music Publishing (US) LLC., 424 Church Street, Suite 1200, Nashville, TN 37219. All rights reserved. Used by permission.

The rights for Japan licensed to Sony Music Publishing (Japan) Inc.

Session 8 (p.127) LONG AND WINDING ROAD THE

John Lennon / Paul McCartney

©Sony Music Publishing (US) LLC. All rights administered by Sony Music Publishing (US) LLC., 424 Church Street, Suite 1200, Nashville, TN 37219. All rights reserved. Used by permission.

The rights for Japan licensed to Sony Music Publishing (Japan) Inc.

Session 9 (pp.133, 135, 140) NO REPLY

John Lennon / Paul McCartney

©Sony Music Publishing (US) LLC. All rights administered by Sony Music Publishing (US) LLC., 424 Church Street, Suite 1200, Nashville, TN 37219. All rights reserved. Used by permission.

The rights for Japan licensed to Sony Music Publishing (Japan) Inc.

Session 10 (pp.146, 153) OB-LA-DI OB-LA-DA

John Lennon / Paul McCartney

©1968 Sony Music Publishing (US) LLC. All rights administered by Sony Music Publishing (US) LLC., 424 Church Street, Suite 1200, Nashville, TN 37219. All rights reserved. Used by permission.

The rights for Japan licensed to Sony Music Publishing (Japan) Inc.

Session 11 (pp.165, 169) A HARD DAY'S NIGHT

John Lennon / Paul McCartney

©1964 Sony Music Publishing (US) LLC. All rights administered by Sony Music Publishing (US) LLC., 424 Church Street, Suite 1200, Nashville, TN 37219. All rights reserved. Used by permission.

The rights for Japan licensed to Sony Music Publishing (Japan) Inc.

Session 11 (p.170) HERE COMES THE SUN

HARRISON GEORGE

©HARRISONGS LTD

Permission granted by FUJIPACIFIC MUSIC

Authorized for sale only in Japan

Session 12 (pp.175, 179) HEY JUDE

John Lennon / Paul McCartney

使用楽曲著作権許諾一覧 | **233**

© 1968 Sony Music Publishing (US) LLC. All rights administered by Sony Music Publishing (US) LLC., 424 Church Street, Suite 1200, Nashville, TN 37219. All rights reserved. Used by permission.

The rights for Japan licensed to Sony Music Publishing (Japan) Inc.

Session 13 (p.184) IF I FELL

John Lennon / Paul McCartney

©Sony Music Publishing (US) LLC. All rights administered by Sony Music Publishing (US) LLC., 424 Church Street, Suite 1200, Nashville, TN 37219. All rights reserved. Used by permission.

The rights for Japan licensed to Sony Music Publishing (Japan) Inc.

Session 13 (p.191) THIS BOY

John Lennon / Paul McCartney

©Sony Music Publishing (US) LLC. All rights administered by Sony Music Publishing (US) LLC., 424 Church Street, Suite 1200, Nashville, TN 37219. All rights reserved. Used by permission.

The rights for Japan licensed to Sony Music Publishing (Japan) Inc.

Session 14 (p.195) TAXMAN

George Harrison

©Sony Music Publishing (US) LLC. All rights administered by Sony Music Publishing (US) LLC., 424 Church Street, Suite 1200, Nashville, TN 37219. All rights reserved. Used by permission.

The rights for Japan licensed to Sony Music Publishing (Japan) Inc.

Session 14 (pp.201-202) YELLOW SUBMARINE

John Lennon / Paul McCartney

© 1966 Sony Music Publishing (US) LLC. All rights administered by Sony Music Publishing (US) LLC., 424 Church Street, Suite 1200, Nashville, TN 37219. All rights reserved. Used by permission.

The rights for Japan licensed to Sony Music Publishing (Japan) Inc.

Session 15 (pp.206, 210, 214) SHE LOVES YOU

John Lennon / Paul McCartney

©1963 Sony Music Publishing (US) LLC. All rights administered by Sony Music Publishing (US) LLC., 424 Church Street, Suite 1200, Nashville, TN 37219. All rights reserved. Used by permission.

The rights for Japan licensed to Sony Music Publishing (Japan) Inc.

日本音楽著作権協会 (出) 許諾第 2408641-401 号

執筆者紹介

大橋　理枝（おおはし・りえ）

　　　　　京都生まれ，東京育ち
2000年　　ミシガン州立大学コミュニケーション学科博士課程修了
　　　　　（Ph.D. in Communication）
2001年　　東京大学大学院総合文化研究科言語情報科学専攻博士課程
　　　　　単位取得満期退学，助教授として放送大学勤務
現在　　　放送大学教授
専攻　　　異文化間コミュニケーション

〈主な論文・著書〉
　　『英語で「道」を語る』（編著，放送大学教育振興会，2021年）
　　『グローバル時代の英語』（編著，放送大学教育振興会，2022年）
　　『異文化との出会い』（分担執筆，放送大学教育振興会，2022年）
　　『色を探究する』（分担執筆，放送大学教育振興会，2023年）
　　『多文化共生のコミュニケーション』（編著，放送大学教育振興
　　　会，2024年）

共同著作者紹介

佐藤　良明（さとう・よしあき）

1950年	山梨県生まれ，群馬県育ち
1979年	東京大学大学院人文科学研究科英語英文学専攻博士課程中退
1980-82年	ニューヨーク州立大学バッファロー校，カリフォルニア大学バークレー校客員研究員
1983-90年	東京外国語大学専任講師・助教授
1990-2007年	東京大学助教授・教授
2006-09年	NHKテレビ『ジュークボックス英会話』『リトル・チャロ』の制作／講師
2015-18年	放送大学教授
現在	東京大学名誉教授

〈主な著書・編著・訳書〉

　『ビートルズとは何だったのか』（みすず書房，2005）
　『ニッポンのうたはどう変わったか』（平凡社ライブラリー，2019）
　『アメリカの芸術と文化』（共著，放送大学教育振興会，2019）
　『ビートルズ de 英文法』（放送大学教育振興会，2021）
　『英文法を哲学する』（アルク，2022）
　『定本・ラバーソウルの弾みかた――ビートルズと僕らの文明』（岩波現代文庫，2025予定）
　トマス・ピンチョン『重力の虹』（翻訳，新潮社，2014）
　ボブ・ディラン『Lyrics 1961-1973』『Lyrics 1974-2012』（翻訳，岩波書店，2020）
　グレゴリー・ベイトソン『精神の生態学へ』（翻訳　全3巻，岩波文庫，2023）

中野　学而（なかの・がくじ）

1972年	福岡生まれ，福岡育ち
2006年	東京大学大学院人文社会系研究科欧米文化研究専攻英語英米文学専門分野博士課程単位取得満期退学，東京女子大学講師
2015年	中央大学准教授，現在に至る
現在	中央大学准教授
専攻	アメリカ文学

〈主な著書・論文・訳書〉

『アメリカ文学のアリーナ──ロマンス・大衆・文学史』（共著，松柏社，2012年）

『アメリカ文学入門』（共著，三修社，2013年）

『教室の英文学』（共著，研究社，2017年）

『フォークナーと日本文学』（共著，松柏社，2019年）

「〈故郷〉から遠く離れて:『グレート・ギャツビー』における血縁，友愛，アメリカの〈個人〉」『英米文学評論』60号（2014年）．17-54.

「耐えなくちゃいけないのは，おまえじゃないんだものね──響きと怒りと甘え」『フォークナー』第18号（2016年）．23-42.

訳書『イルストラード』ミゲル・シフーコ著（白水社，2011年）

放送大学教材　1420151-1-2511（ラジオ）

シン・ビートルズ de 英文法

発　行　　2025年 3 月20日　第 1 刷
著　者　　大橋理枝・中野学而
発行所　　一般財団法人　放送大学教育振興会
　　　　　〒105-0001　東京都港区虎ノ門1-14-1　郵政福祉琴平ビル
　　　　　電話　03（3502）2750

市販用は放送大学教材と同じ内容です。定価はカバーに表示してあります。
落丁本・乱丁本はお取り替えいたします。

Printed in Japan　ISBN978-4-595-32534-2　C1382